사람은, 모두 그립거나 슬픈 꽃

| 시와 함께 | 08 |

사람은, 모두
그립거나 슬픈
꽃

공감과 치유 4집 수록 동인
고용석, 김기준, 김애란, 김용아
김윤태, 김정필, 명재신, 신남춘, 염정금, 이종범
임하초, 정인경, 최유미, 홍찬선

문화발전소

머리말 대신에

시를 통해 지치고, 힘든 이들과 같이 공감하면서 서로를
어루만지는 기회가 마련되었으면 좋겠다. -**고용석**

언제부터인가 나의 삶이 가을이란 시간에 도착한 듯합니다.
봄바람같이 따스하고 여름비같이 시원하고 가을볕같이
다정하며 겨울눈같이 맑았으면… 마지막으로 큰 욕심 한 번
내어봅니다. -**김기준**

마음도 몸도 다 품어 안는 바다를 닮고 싶다. 마음을 다스릴
수 있으면서 창작과 생활을 열정적으로 해 나가고 싶다.
행복은 내 마음가짐에서 생겨난다. -**김애란**

포장박스 공장에서 일하면서도 쌀 과자를 내밀 줄 아는
형제와 아르바이트를 하고 받은 첫 월급으로 산 박카스
한 박스를 조심스럽게 내미는 이들과 함께 하는 시입니다.
그들과 함께 나눌 언어가 있다는 게 감사합니다. -**김용아**

서울에서 태어나 시골의 정서와 감성은 부족하지만 도시에서
바라 본 시골의 모습을 통해 시골에서 바라볼 서울의 모습을
대조하여 서울의 시를 적어 봤습니다. -**김윤태**

삶의 조각들이 시가 되면서 가야 할 길이 쉽지 않은 길임을 알았습니다. 아직 영글지 못해 어설프지만 누구에겐가 작은 위로가 되었으면 하는 바람입니다.
-**김정필**

멀리까지 떠나 와서야 돌아가야 할 곳이 남해바다 아름다운 고향섬 나로도라는 걸 깨닫습니다. 기약은 없지만 귀항을 위한 닻을 올려 봅니다. 너무 멀리 떠나와 있지만 여기 돛을 올려 봅니다. -**명재신**

같은 하늘아래서 희로애락을 함께 나누며 부족한 것, 약한 것, 모자란 것을 채워 주며 속상한 마음 허무한 마음까지도 털어놓을 친구가 곁에 있어 준다면 얼마나 좋으랴. -**신남춘**

나라는 존재 속에 깃든 가족. 아버지 어머니 형제자매 그리고 이어지는 아들 딸 사위 며느리…. 코로나로 발 묶이고 거리두기로 산 올해는 그 어느 때보다 이런 가족이 그리웠다. -**염정금**

슬픈 기억이 많은 고향의 추억이더라도 다시 생각해
보면 젖을 먹이던 어머니가 있고 형제들이 함께 밥 먹는
풍경이 있는 고향의 원천적 사랑이 있던 그곳의 힘으로
살고 있는 것은 아닐까. -**임하초**

그리운 것들은 늘 가슴에 남아 오늘을 지탱하며
살아가는 힘이 되어 줍니다. 그리운 일상들을 소재로
쉽고 편하게 읽힐 수 있는 쉬운 시를 추구하며 독자를
향한 발걸음 살포시 내디뎌 봅니다. -**정인경**

누구나 위로받고 싶을 때 찾아가고 싶은 곳, 어릴 적
고향이기도 하지만 고향이 아니어도 나를 반겨 줄 수
있는 따뜻한 그 무엇이 있는 곳. 가족일 수도, 친구일
수도, 추억 속의 장소일 수도 있는 아무 조건 없이 나를
맞아 주었던 그 곳. -**최유미**

엄마와 아부지, 고향은 눈물입니다. 해와 달의
수레바퀴를 차마 어쩔 수 없어 엄마 아부지가 일찍
하늘 소풍을 떠났고, 고향은 공업화의 물결에 휩쓸려
떠내려갔기 때문일까요. 오직 흐릿한 추억과 가슴
눈물로만 남아서 그렇겠지요. 잃은 고향과 잊을 수 없는
엄마 아부지를 다시 불러냈네요. -**홍찬선**

CONTENTS

머리말 대신에 4

고용석
엄마의 지팡이 16
느티나무 17
나는 오늘도 흔들린다 18
엄마의 봄날 19
수의 20
유년의 마당 21
강릉 바닷가에서 22
골목길 23

김기준
그냥 26
월요일 아침 27
보름달 28
첫날밤 29
자유 30
시인의 친구 31
갯강구 32
심청 33

김애란
살구빛 미소 36
홍성 37
아빠 모자 38
두껍아 39
참나무 육형제 40
빗소리 41
햇살 아래 42
파도 43

김용아
기대어야 산다 46
엄마가 다녀갔다 47
제천 봉평집 48
태규 형제 49
박카스 한 박스 50
덕포 나루 51
저물녘의 강 52
용기 53

김윤태
나의 옥탑방 56
공감과 치유 57
다시 태어나려나 봅니다 58
사람이 만드는 자 59
마음에도 바람이 분다 60
아기에게 배운다 61
부끄러움 많은 손님 62
비우면 좋았을 텐데 63

김정필
바람과 어머니 66
오빠의 팽이 67
각시붓꽃 68
고향 소식 69
먹 갈기 70
아버지의 시계 71
가수원 연가 72
낡은 집 73

명재신
바람이 지나는 자리 76
한 고비, 한 구비 77
그대 작은 무덤에 바치는 노래 78
바람 꽃 네 이파리 79
찔레꽃에 부는 바람 80
막내 누님 81
내가 키우는 꽃은 82
어제 같은 바람 불고 83

신남춘
입추 86
내 고향 부안 87
네가 있어서 참 다행이야 88
그 길가 89
사랑은 가고 90
소나기, 발 묶다 91
친구여 92
다시, 내일 93

염정금
장꽃 96
사골 국에 만 밥 97
할미꽃 98
한가위 99
그늘 100
할머니 막걸리집 101
부부 102
호박덩굴 103

이종범
마늘가족 106
딸에게 107
아내 108
아버지 사랑 109
눈물 나던 날 110
지은아 미안해 111
친구 요청 112
사촌동생 종길이 113

임하초

그립다 116
젓가락 고데기 117
고명 118
춤사위 119
흙길 120
꽃이었다 121
충신 임난수의 상려암 122
고향을 생각하는 것은 123

정인경

아빠의 수염 126
손주 127
둥지 떠나는 아기 새 128
꿈 하나 129
아버지 130
남편을 향한 고백 131
고향 132
엄마의 잔소리 133

최유미
나는 나를 기다린다 136
콩나물국 137
영어는 성적순이 아니에요 138
살아가는 이유 139
울보 140
아빠 보고 싶어 141
친구가 그리울 땐 평택으로 오렴 142
아무것도 아니라면 아무것도 아닌 것을 143

홍찬선
엄마 146
소갈미고개 147
막내누나 148
나이드니 알겠더라 149
아구배 150
강아지풀 151
꼬무락지 152
벌초 153

해설 그리움에 밀려 삶의 참된 의미가 있는
'그곳'으로 여행을 떠나다 -이충재 155

고용석,

강원도 강릉 출생
강릉고, 중앙대 국문학과, 동 대학원 국어교육과 졸업
서울여자상업고등학교 교장 퇴임
'문학미디어' 시 등단(2013)
시집 『자자를 아시나요』
제1회 자유민주시인상 대상 수상(2020)
현재 서울시인협회 사무국장

〈시작메모〉
나처럼 아흔이 넘은 부모님과 장모님을 모시고 사는 이도 그리
흔하지 않을 것 같다. 일찍 부모님을 여읜 분들에겐 나의 처지가
큰 부러움으로 다가올 수 있겠지만 막상 연세가 많으신 세 분을
마주하며 사는 하루 하루는 조바심의 나날이다.
그래도 고향 강릉에 계신 부모님은 뵐 때마다 아프시다면서도
티격태격하시며 소꿉장난 같은 살림을 꾸려가시니 다행이지만,
지금 같이 사는 장모님은 치매에, 투석에, 어린아이처럼 보채는
성화에 아내와 나는 매일 전쟁 중이다.
카프카의 소설 「변신」에 나오는 그레고르 잠자를 나는 매일
만난다. 우리는 어떤 존재인지? 우리는 무엇을 할 수 있는지?
나는 지금 괜찮은지? 수 없는 질문을 해 본다. 시를 통해
지치고, 힘든 이들과 같이 공감하면서 서로를 어루만지는 기회가
마련되었으면 좋겠다.

엄마의 지팡이

지팡이를 잃어 버렸다
아무리 찾아도 없구나
좋은 걸로 하나 사 보내라
때론 니 아버지 같고
너 같기도 해서
든든한 지팡이였는데
그놈을 잃고 보니
세상 나서는 게 두렵구나
올 여름 장마에
동네 당산나무도 지팡이를 잃고
쓰러져 눕더니
저러다 나도 그 꼴 나는 건 아닌지
있을 땐 몰랐는데
잃고 나니
세상이 다 지팡이만 보여야
이쁜 꽃장식 있는 놈 말고
못나도 튼실한 놈으로 보내라
말 많은 세상,
굳게 버틸 지팡이면 좋겠다

느티나무

아흔의 어머니가
일흔의 아들에게 전화를 주었다
널 낳고 심었던
느티나무 잎겨드랑이마다
숨어 핀 꽃들이 한창이라고
몸이 자꾸 꺼지고
벌레 우는 소리
귓속에 혼곤하니
맏인 니가 겸사겸사 다녀가라고
요즘은 느티나무에
박새, 곤줄박이, 청솔모 깃들어
그것들 재롱에
허전함은 좀 덜한데
세상 사는 게
왜 이리 시끄럽냐고
느티나무가 세상 것들
품었다 떠나보내듯
가지려 속 끓지 말고
넌 비우고, 내주며 살라고
그래도 보고 싶으니
한 번, 다녀가라고

나는 오늘도 흔들린다

신부전腎不全으로 투석을 하는
아흔의 장모를 뵙고
병실을 걸어 나오며
마음이 흔들렸다
이제 그만 하면 보내드리자고
몇 번이고 아내에게 말하고 싶었다

밤낮없이 불러대는 노랫소리에
숨 막히게 보채는 짜증에
똥오줌도 가리지 못하는
기억조차 온전치 못한
안쓰러운 존재 앞에서
나는 우화羽化를 생각했다

병실을 나와
시골 어머니에게 전화를 했다
나도 그렇지만 살아 있는 몸 어쩌냐
늙으면 다 산 사람 괴롭히는 쇠귀신인데
선불리 목숨 재촉한 잘못 들킨 것 같아
나는 연신 헛기침을 해 댔다

꺼져 가는 목숨을 움켜쥐고
제 엄마보다 더 야위어가는 아내의 몸이
자꾸 눈을 찔러 왔다

엄마의 봄날

어젯밤 요양병원 나갔던
김꽃분 할머니를 찾았습니다
조화造花 한 송이 들고
건너편 골목에 잠들어 있었어요

창밖 안개비는 하염없이 내리고, 요양병원 너머 새끼 잃은 길고양이가 지붕에서 슬피 우는 밤. 술주정뱅이의 노랫소리는 골목을 휘돌아 감도는데. 살냄새 그리웠어.
모두 잠든 수렁 같은 밤을 죽은 니 아버지가 걸어왔어. 가시처럼 박여 아린 그리움을 너는 아니?

긁혀 상처 난 퉁퉁 부은 맨발로
엄마는 활짝 웃었다
나는 무너지는 몸을
겨우 다잡았다

괜찮아, 다 괜찮아
엄마만 봄날이라면

수의壽衣

너무 애끓지 마라
너흰 어미의 마지막 옷이라고
안쓰러워하지만
저편 하늘에선 첫 옷이니
어미는 설레고 기쁘다
아버지나 너희가
날 항상 가볍게 해 주었으니
새털구름처럼 가벼운 옷을
기쁨으로 만들란다
수의壽衣 짓고 나서
마당 꽃들도 옮겨 심고
장독대도 반짝반짝 닦아 두면
매듭진 남은 날들 눈이 부실 것이다
그런 날 수의를 입었으면 좋겠다
관에는 국화꽃을 넣어주고
세상 얘기 바람결에 실컷 듣도록
한 줌 내 몸은 길가에 뿌려다오
며칠 뒤 수의壽衣를 거풍擧風하면
잠시 쉬고 싶다.
머잖아 긴 잠 올 것이다

유년幼年의 마당

검둥개 나비 따라 마당을 뒹굴고
봉숭아 붉은 꽃잎 그리움으로 몸살 앓던 날
말라리아 열꽃으로 몸 웅크린 내 머리맡으로
길게 들려오던 어머니 가는 한숨

오늘도 내 하루는 갈 곳 잃은 짐승인데
흰머리로 다시 그 마당을 찾으면
등 굽은 어머니 맨발로 달려 나와
눈물 훔치며 나를, 품에 다시 안을까

강릉 바닷가에서

침묵하는 가을 바다를 봅니다.
검푸른 수면 위를 혁명군들은
끊임없이 몰려오지만
바다는 포말로 말없이 모반謀反을 잠재웁니다
세상과의 전쟁에 힘겨운 내가
바다 앞에 닻을 내려 망명을 합니다
사라져 버린 것, 변해 버린 것들은
지울 수 없는 흔적으로 남겠지마는
싸우려면 바다같이 하라던 그대 말대로
폭풍이 밤새 흔들어도
가라앉는 무게로 앉아
손을 뻗어 세상을 잡으렵니다
바다 같은 시를 쓰고 싶습니다
내리쬐는 햇빛에도 차가운
소금기로 썩지 않는
은빛 비늘로 늘 싱싱한
시를

고향의 가을 바다는
오늘도 혁명이지만
내겐 우주를 여는 밀어密語입니다.

골목길

멈추어버린 시간이
녹슨 철문에 숨었다가
지난 얘길 들려줄 것 같아
골목 옛집에 서면 마음이 설렌다
문 열고 들어서면 할머니 기침 소리
쪽마루 언저리에 아직 남아 있을까

겨우내 녹지 않던 골목 눈더미
싸락눈 속, 이 집 저 집 장떡 냄새
추운 날 수제비 한 그릇도
온기로 나누었던 골목 안
지나간 그리움이
낡은 사진처럼 정겹다

옛 골목에 서면
희미한 얼굴의 소꿉동무들이
온 벽 낙서로 다가오고
우두커니 자리한 빨간 우체통 안
저마다의 사연들이
집집마다 그리움으로
배달될 것 같다

김기준,

'월간 시' '추천시인상'으로 등단(2016)
시집 『착하고 아름다운』 『사람과 사물에 대한 예의』
수중시 산문집 『그 바닷속 고래상어는 어디로 갔을까』

〈시작메모〉
언제부터인가 나의 삶이 가을이란 시간에 도착한 듯합니다.

하늘처럼 크고
바다처럼 깊고
산맥처럼 높고
사막처럼 넓기보다는

봄바람같이 따스하고
여름비같이 시원하고
가을볕같이 다정하며
겨울눈같이 맑았으면

마지막으로 큰 욕심 한 번 내어봅니다.

그냥

가을이다

왠지 가슴 한구석이 내려앉는 가을이다

비 내려 더욱 쓰라린
바람조차 휑하게
가슴 저려놓는 가을이다

한없이 빠져들 것 같은
미칠 것 같은 가을이다

당신한테 그냥 떼쓰고 싶은
그러한 가을날 하루의 저녁이다

월요일 아침

나는 세브란스 병원
적정진료관리실 실장이다

새롭게 시작되는 월요일 아침마다
지난 주 생을 달리한 죽음의 선배들
굵고 선명한 명조체의 이름과
나이, 병명, 사망원인을 확인한 후
조곤조곤 결재 사인을 남긴다
내 가슴 깊숙한 곳에 각인하는 것이다

얼마나 아팠을까
얼마나 힘들었을까
얼마나 무서웠을까

혹 우리의 실수는 없었는가
혹 우리의 잘못은 없었는가
혹시나 억울하고 분한 죽음은 아니었을까
한이 맺혀 차마 떠나지 못하는 발걸음은 아니었을까

내 모든 것을 내려놓으며 무릎을 꿇게 만드는 시간이다

의사인 나에게
가장 모질고도 힘든 시간이다

떠난 모든 이들에게
이 마음 다하여 명복을 비는 시간이다

김기준

보름달

별도 잠든
오늘 닮은
새벽이면

어미는
실낱같은
두레박을 내려

우물에 고인
달빛을 길었고

장독대 위에
하얀 버선으로
하늘을 우러르며

병약한 어린자식
목숨을 빌었다

그런
내 몸에는
달의 피가 돌고 있다

어미의 눈물이
아직도 젖어 있다

첫날밤

아△△. ▲▲▲
아▲▲▲▲▲▲
아▲▲▲♡♡♡
아▲▶▶▷☺

그랬던 우리
참 눈물겨웠던 우리

사랑하자 영원히
백골이 먼지 되어 흩날릴지라도

김기준

자유

필리핀 세부섬

매일 같은 곳에
출근하는 고래상어들이 있다

아침 6시경부터 정오까지
탐욕으로 포장된 공짜 먹이를 위하여
장대한 바다를 건너
인간들의 손길 아래 입을 벌리는
나에게는 아직도 위대한 그 현자들이
안타깝게 저 바다 위에 해바라기처럼 서 있다

아마도 이젠
자연에서 먹이를 구하는 그 순수함은
까마득히 잊어버렸겠지

이에
우리는
무엇을 느끼는가?
무엇을 배워야 하는가?

길들여진다는 것은 무엇?
편안하다는 것은 무엇?
당연하다는 것은 무엇?

자연도 인간도
그 본질을 망각하는 순간

곧 썩을
한낱 고기 덩어리에 불과할 뿐

시인의 친구

사람과 사물에 대한
예의가 있는
인생을 살고 싶다

사람과 사물에 대한
예의가 있는
시를 쓰고 싶다

그런 소망을 시 친구들 카페에 올렸더니
한편으론 마음의 무거움을 호소했더니
어떤 아름다운 시인께서
나에게 가르침을 주셨다

우선
겸손한 생각과 자세로 다가서면
그이가 가까이 오실 거예요

어쩜!
이런 아름다운 말들을
나눌 수 있을까

이 세상 살면서
그런 친구
있다는 것

참으로
행복하고
축복받은
내 인생

갯강구

자기야~
아이! 징그러
온통 벌레 투성이야

방파제에서
여기저기 벌여놓고
낚시놀이 하던 어린 것들
꼭 바퀴 닮은 연인 한 쌍

바다가 떠나갈 듯
천방지축 난리가 났다

파도에 취하셨나
긴 장대 고무장화
어르신 한 분

호들갑 그만 떨어
걔들은
바다 청소부야
착한 애들

그리고

벌레 아니야

갑각류

죽도록 일만 하는
바다의 쥐며느리
바위살렝이

심청

누구에게나
자신만의 바다가 있다

누구에게도
스스로의 심연은 존재한다

한 번쯤
온 몸을 던져봄이 어떠한가

풍덩

겁怯*이 많아 못 간다고?
가보지 않고 어이 겁劫*을 알리

*겁怯; 두려워하는 마음
*겁劫; 끝이 없는 시간, 영겁

김애란,

'월간시' '추천시인상'으로 등단(2018)
'황진이문학상' 수상
시집 『하늘빛 닮은 원석으로』
전자시집 『새들처럼 노래하다』
수필가, 여행작가

〈시작메모〉

시를 쓰고 지우고 쓰기를 반복하면서 생각도 좀 더 깊어지기를
바란다. 마음도 몸도 다 품어 안는 바다를 닮고 싶다.
마음을 다스릴 수 있으면서 창작과 생활을 열정적으로
해 나갈 것이다. 행복은 내 마음가짐에서 생겨난다.

살구빛 미소

가마솥 쓸고 닦고 윤이 난다
부뚜막도 반질반질 파리도 낙상한다
가마솥에 모락모락 김이 올라오면
하얀 목련빛 행주를 꼭 짜서
가마솥 눈물을 연신 훔쳐 내신다

가마솥 뚜껑을 열면
뽀얀 윤기가 나면서 밥이 달았다
가마솥 밥을 볼 때마다
부지런히 움직이시던
할머니의 굵은 손마디가 지금도 눈에 어른거린다

유난히 물렁한 복숭아를 좋아하셨던 할머니
복숭아 철이면 과즙을 맛있게 드시던
흡족한 할머니의 살구빛 미소가 보고 싶다

홍성

항아리 가득 누룩을 빚어서
아랫목 차지하고 담요를 두른
할머니의 보물 술 항아리
빗소리처럼 요란스런
뽀글 뽀글 술 익는 소리에
할머니는 함박꽃 웃음이었다
술 익는 냄새가 살구향으로 퍼졌다
"술 익어슈. 맛 보고 가슈" 할머니의 말씀에
지나가는 이웃들은 물론 나그네, 과일 장수들
생선아줌마들도 들어왔다
"됐유 나까정 먹으께 있슈"
충청도 양반은 체면부터 사양으로 마셨다
용수를 넣고 술을 뜨는 날은 살구향으로
집안이 향기로웠다
여름철 지나가는 과일장수와 생선장수는
생쥐 제 집 드나들 듯 술독을 물처럼 비워냈다

장독대 뒤 배나무 옆 작은 동굴 안은
식혜며 과일이며 생선들이 쌓여갔다
훈훈한 인심 덕에 난 여름내내
자두, 복숭아, 포도를 동네아이들과
밥 대신 먹었다
저녁이면 고두밥과 누룩을 섞는
밥주걱이 분주한 모습이 보였다
그 옆에 작은 꼬마는 "이 밥은 더 작고 고소해요 할머니" 하면
"여럿이 먹으니까 더 맛있지유" 하셨다
지나갈 때마다 복숭아 향이 나는 술 항아리는
복숭아 과수원이었다

그 시절 할머니의 술을 아련하게 맛보고 싶다

김애란

아빠 모자

아이는 아빠 모자를
쓰면서 어른을 동경했다
넓은 어깨와 커다란 키에
모자 쓴 아빠 모습을 닮고 싶었다

월계관인 양 아빠 모자를 몰래 써보곤
웃음 짓던 아이는 어른이 되었다

어른이 되고 싶었던 아이는
선장이 항해하듯
험한 파도는
바람에 몸을 맡기고
사나운 폭풍에
돛을 내렸다 올리며
때를 기다리는 진정한 사나이의 모습이 되었다

어른이 되어서도 아이는 가끔씩 아빠 모자를 써 본다

두껍아

흙장난으로 친구들과 놀다보면 어둑해지는 저녁

하루 종일 흙바닥에 그렸다가 지우기를 반복하면서
도화지에 붓처럼 동물도 바닷속 생물도, 만화 주인공도,
역사인물도, 상상의 미래도시까지 무궁무진하게 그릴게 많았다

하루해가 짧았다
―두껍아, 두껍아 헌 집 줄게 새 집 다오

참나무 육형제

배고파 보이지 않는 일부 어른들은
어린 생명을 위해 도토리를 양보하지 않는다

이정표 같이 붙어 있지만
자루 한가득 놀부욕심을 채운다

참나무 육형제 가운데
첫째는 임금님 수랏상에 올랐다하여 상수리나무
둘째는 수피의 골이 깊어서 굴피 지붕을 덮었던 굴참나무
셋째는 신발바닥이 해어지면 신발 밑창을 대었던 신갈나무
넷째는 떡을 쌓을 만큼 넓은 잎에 떡갈나무
다섯째는 가을 늦게까지 단풍을 달고 있어 가을 참나무로 불리는 갈참나무
마지막으로 잎과 열매가 가장 작고 볼품이 없어서 '쫄병' 이란 의미로 졸참나무

제 각각 타고난 모습을 감사하며
도토리 키재기에 오늘도 속을 꽉 채운다

참나무 가족에 속한 육형제는
각자의 본분에 오늘도 충실할 뿐
남의 자리를 시샘하지 않는 사이좋은 여섯 형제로구나

빗소리

빗소리 잦아들기를 기다리며
정자에 앉아 기다린다
쏟아지는 열정의 폭포수
가뭄에 고대하던 그 단비
단비치곤 몰아서 오느라 물줄기가 쏴 쏴 거세다

그 빗속에 가만 앉아 똑똑 물방울
소리를 낼 때까지 기다려 본다
작은 방울 소리는 정겹다
어릴 적 처마 밑 흙바닥에 홈을 파면 똑똑
떨어지는 그 방울방울 추억의 소리다
잔잔한 그 소리 들으면
할머니댁 기와집 마루에서 고소한 냄새 풍기면서
갓 부쳐온 고추, 호박, 양파, 넣은 부추전
그때 들기름 향이 고소하게 맛있었다

처마 밑 빗소리는 여전한데
할머니의 전 맛은 그 누가 흉내 내 줄까요

햇살 아래

풋고추와 구운 마늘을 넣은 삼겹살에
한 입 아삭한 식감의 상추 맛을
못 잊어서 텃밭을 분양 받았다

햇빛 머금은 상추는
애기볼처럼 부드럽게 잎들을 키우고
초록빛 상큼한 입맛도 돋을 것이며

키를 키워주는 바람의 손길에
고추, 가지, 호박, 열무, 오크라 등
수런대면서 작물들은 서로 잎과 열매를 채울 것이다

앵두같이 유혹하는 빨간 방울토마토도 심고
구수한 할머니의 손맛을 흉내 내는 가지도 있고
아삭한 오이가 우물물처럼 여름 갈증도 해결해주리니

텃밭 가꾸기의 배치도까지 그리면서
소소한 먹거리를
심고, 가꾸고, 거두는 상상에 절로 미소가 나온다

햇살 아래 영그는 작물들처럼
나의 생각과 계획들도 달콤한 열매로
기쁨을 맛볼 시간으로 다가 올 것이다

파도

태초의 생명이 헤엄치던 곳
생명을 잉태한 어머니 같은 바다

알 수 없는 그리움은
몽돌처럼 자박자박
소리를 내면서 안식을 준다

파도소리가 자장가같이 편안하다

김용아,

'5월문학상' 수상
'월간시' '추천시인상' 당선(2017)
강원문화재단 생애 최초 지원 수혜자로 선정(2020)
시집 『헬리패드에 서서』

〈시작메모〉

코로나의 어두운 시간이 지나가고 있지만
이제는 일상이 되었습니다. 두려움과 불안도
새로운 차이를 만들어내지 못합니다. 지구는
유례없는 더위로 불타오르고 이런 지구의
유효기간은 어쩌면 조금 더 빨라지게 될지도
모르며 새로운 행성으로의 이주를 꿈꾸는
이들의 서사도 더 자주 등장합니다.
제 시의 자리는 그럼에도 지구의 변방 끝에서
어두운 모퉁이를 환하게 밝히는 이들의
이야기입니다. 한 발 내딛는 일상에도 용기가
필요한 이들에게 보내는 응원이기도 합니다.
포장박스 공장에 일하면서도 쌀과자를
내밀 줄 아는 형제와 아르바이트를 하고 받은
첫 월급으로 산 박카스 한 박스를 조심스럽게
내미는 이들과 함께 하는 시입니다.
그들과 함께 나눌 언어가 있다는 게 감사한
날입니다.

기대어야 산다

아무리 기대고 싶어도
기대지 못하는 꽃이 있다

아무리 기댈 곳 찾아도
기댈 곳 없는 나무도 있다

그럴 때조차도
바람은 모든 꽃들에게
기댈 언덕이다

그럴 때조차도 햇볕은
홀로 선 나무에게
기댈 우주이다

그곳에 깃드는
나비와 새는
선물이다

엄마가 다녀갔다

빗소리를 들으면 엄마에게서
전화가 올 것 같아 기다려진다
떠나신 지 5년
그 사이 자주 다녀가셨다
며칠 전 다녀가신 건
큰오빠 때문일 것이다
암이 재발되었다는 소식에
경계를 허물었을 것이다
지난해에는
강원도까지 다녀가셨다
집안 일 도맡아하던
막내 사위
해를 넘기지 못한 채
아마도 엄마 계신 곳으로
갈지도 모른다는 것을
들으신 것 같다
덕분에 그 해는 잘 넘겼다

제천 봉평집

제천역 앞 봉평집
묵은 김치에
잘게 부순 김가루 얹은
따뜻한 도토리 묵밥
제면기 돌아가는 소리가
무궁화호 레일처럼
끊어졌다 이어진다
어긋난 삶의 흔적처럼
바닥에 닿을 때마다
거친 도토리묵
목 주변에서
함께 덜컹거린다
도계 신기 동해로 넘어가는
무궁화호는
아직 두 시간 넘게
기다려야 하는데
제면기 아래로
가지런히 내려오는 국수
저물어가는 저녁을 향해
조용히 두 손 모은다

태규 형제

새벽기도를 마치고
돌아가며 내민 쌀과자 두 개
합창단에서 준 것이라고 덧붙인다
집에 돌아가 아침을 먹고
포장박스 공장에 출근하고
일주일에 한 번은
합창단에서 노래를 부르는 태규 형제,
입에서 녹는 쌀과자 두 개
마음까지 스르르 녹는다

박카스 한 박스

은혜언니는 짬뽕 집에서
아르바이트를 하고 받은 첫 월급으로
박카스 한 박스를 사서
선생님들 드시라고 건네준다
짜장면 검은 면발보다 더
긴 노동 시간과
맞바꾼 박카스 한 박스
언니의 모든 것이 담긴
그 한 박스 덕분에
내가 서 있는 곳이
갑자기 환해진다
이렇게 살아도 괜찮다고
말해 주는 것 같아
어깨도 같이 넓어졌다

덕포 나루

작은 빈 배
강가에 묶여 있다
모래 위에 찍힌 발자국들
하루만 지나면 다 지워지겠지
그래도 걸어가야 할 길
바람의 길
강의 길
나의 길
묶인 나룻배 그 자리에서
노란 생강꽃 피었다 진다

저물녘의 강

저물녘 강가에서
모두 같은 강을 바라보는 것 같지만
강물소리에 섞여드는 이국의 언어
강과 가장 가까운 계단에 앉아
영상통화를 하고 있는 중인 외국인 노동자들
속으로 흐르는 강물처럼 낮고 깊은 목소리
간혹 어린 아들의 웃음소리가
핸드폰 속을 벗어나 긴 장마로 높아진 강물에
손을 담가 보기도 하지만
끝내 어두워지는 강을 넘지 못한다
누구에게나 같은 높이로 흐르는 강이지만
이국의 아버지에게는
언제나 처음 마주하는 낯선 강이었다는 것을
올리브 나무 아래에서 뛰어노는
저 먼 나라 내 아이의 숨결소리가
잡힐 듯 건너오는데
강은 너무 빨리 어두워졌다

용기

두려워도 한 발 나아가야 할 때
나아가는 것이다
무서워도 하는 것이다
불안해도 하는 것이다
그러다 죽을 것 같아도 하는 것이다
그래야 지켜지는 것들 때문이다
그래야 사는 것들 때문이다

오늘도 한 발 나아갔다

김윤태,

서울 출생
인덕고등학교 졸업
'월간시' 제25회 '추천시인상' 당선(2019)
부부시집 『진주가 된 생채기의 사랑』
현재 기아자동차 사원

〈시작메모〉
서울에서 태어나 시골의 정서와 감성을 풍부하게 갖고
있지는 않지만 도시에서 바라 본 시골의 모습을 통해
시골에서 바라볼 서울의 모습을 대조하여 서울의
시를 적어 봤습니다.

나의 옥탑방

옥탑방에서 보던 경치는
북쪽으로는 만장봉 인수봉이
서로는 북한산 줄기와 삼양동*이
동으로는 미아동* 산동네가
남으로는 미아삼거리* 번화가가
소소한 야경을 뽐내던
하늘과 가까웠던 나의 옥탑방

제비 떠난 동네 골목은
옛 모습으로 나를 반기지만
내 모습 골목보다 많이 변해
커다란 골목 작게 느껴진다
옥상에서 친구들과 함께했던
소주 맛 홀로 치던 기타 소리
그 맛 그 소리 아련히 느껴진다

*삼양동 : 행정구역에는 없는 이름이지만 미아동에 있는 이름
*미아동 : 현재는 송정동으로 불리는 곳
*미아삼거리 : 현재는 미아사거리로 불리는 곳

공감과 치유

몇 명인지 정확히 모르지만 세상에는 많은 사람이 산다
　각각 다른 모습으로

　공감이란
　나와 타인의 관계이고 나에게 나타나는 상태이다

　치유란
　나의 상태의 회복이다
　나의 본질의 복원이다

　본질이란
　물은 가열하면 증발하고
　철은 1,600도에 녹는다는 것이다

　치유란
　나의 성질을 아는 것이고
　나의 성질의 장점을 찾는 것이다

　철이 물이 아님을 안다면
　철의 장점으로 행복하고
　삶에 만족 있을 것이다

　물은 물이기에 잘 스며들어 생명의 기본 요소가 됨을 안다면
　모든 생명을 살리게 될 것이다

　내가 누구이며
　나의 본질을 안다면
　행복은 모두 다 찾은 것이다

다시 태어나려나 봅니다

반세기 살았는데
돌아가려나 봅니다

종일 자는 아이처럼
종일 잠이 쏟아집니다

세상 일 관심 없는 아이처럼
세상 일 통달해 관심 없습니다

다시 반세기가 지나서
다시 태어날 날을 기대합니다

한 가지 바람은
괜찮은 사람들이 정치하길

국민의 종으로 낮아져
국민을 위해 사는 정직 있기를

다시 태어나지 않아도
행복하게 변한 나라가 되기를

사람이 만드는 자ᄎ(척)

사람이 만드는 자는
정확한 규격이 있지만
마음이 만드는 자는
규격이 없다

마음이 만든 자의 규격은
나에게는 관대하고
남에게는 까다롭고
규격도 각각이다

'인간은 사회적 동물이다'
아리스토 탈레스의 철학을
배척했다고
산속 홀로 사는 사람을
자연인이란 이름으로 칭송
하고

'태양 빛을 가리지 말아 주
시오'
거지 철학자 디오게네스처
럼 산다고
영어를 조금 할 줄 아는 거
지를 철학자란 이름으로 칭
송한다

누군가가 만든 기준은 발
로 차라
남의 자유를 침해하지 않
는다면 당신 삶도 칭송받기
합당하니까
그 자연인과 그 철학자보
다 당신은 훨씬 위대한 사람
일 것이다

김윤태

마음에도 바람이 분다

내가 선택한 삶의 길이 아닌데
나는 그 길 위에
미치광이처럼 춤을 춘다

배신에 웅크리고 성공에 뛰어오르고
사랑에 환하게 웃고 이별에 괴롭게 울고
친구의 죽음에 땅을 치고
친구의 결혼에 춤을 춘다

내 마음대로 사는 것 같지만
내 마음대로 살아갈 수 없는 삶
삶이 만드는 상황에 맞게 춤을 춘다
내 마음 가는 대로 몸을 흔든다

내 삶처럼 보이지 않는
보이지 않는 내 마음에도
마음에도 인생의 바람이 분다
바람을 즐기며 나만의 춤을 춘다

아기에게 배운다

부드러운 목소리로
"너 참 못생겼다" 하면
아기는 좋아하면서 웃는다

화난 목소리로
"넌 왜 이렇게 예쁜 거야" 소리치면
아기는 울음을 터뜨린다

어른은 말에 의미를 두고
아이는 감정에 의미를 둔다

소통은 좋은 말 속이 아닌
좋은 감정에 있음을
아기에게 배운다

부끄러움 많은 손님
-택배 아저씨

집 안에 들어오지 않고
선물을 집 앞에 놓고 간다

선물이 망가지고 상할까 봐
벨만 누르고 급하게 사라진다

우리 집에 제일 자주 오는 손님인데
오히려 눈에 띌까 후다닥 사라진다

손님이 가져다주는 선물은
나의 손을 거쳐 많은 사람의 행복이 된다

손님이 가져다주는 선물은
우리 식구의 행복과 건강도 된다

부끄러움 많은 손님은
하늘이 보낸 천사가 아닐까

빨리 비우면 좋았을 텐데

순백은 검어질까
검정은 희어질까

백색에 검정이 묻을까 봐
조심조심 조마조마

검정에 흰 게 묻을까 봐
조심조심 조마조마

마음을 비워라
어차피 무언가 묻을 텐데

흠 없는 백색이 얼마나 갈꼬
흠 없는 검정이 얼마나 갈꼬

알면서도 미련을 남기고
순간순간 조심조심

미리 마음 비웠다면
속상하지 않았을 텐데

김정필,

중앙대학교 국문학과 졸업
'문학사랑' 104회 시 부문 당선(2017년)
시집 『바람의 뜰』

⟨시작메모⟩
삶의 조각들이 시가 되면서 가야 할 길이
쉽지 않은 길임을 알았습니다.
시간이 흐를수록 시 쓰기가 점점 어렵게 느껴집니다.
아직 영글지 못해 어설프지만 누구에겐가
작은 위로가 되었으면 하는 바람입니다.

바람과 어머니

안방에서 바느질하시던 어머니
찬바람에 문풍지 울면 눈꼽재기창으로
바람길 살피며 이불 여미어 주셨습니다

해진 옷 꼼꼼히 꿰매며
서럽고 매운 시집살이도 견뎌냈건만
한 오라기 바람에 잡혀서
바람머리 어질머리 가슴앓이한 평생
살 헤집고 뼛골 녹이던 아픔에도
바람으로 숯 피워 다림질
끼니때마다 풀무질
여름밤마다 부채질

가위로 마름질하고 싶다던 그 고통
당신은 마침내 작은 세상에 갇혀
오가는 이가 묻혀오는 바람만으로
담 너머의 세상을 만났습니다

바람으로 앓다가 바람으로 떠나신 당신은
늘 바람으로 제 가슴에서 울어요
어머니 오늘도 바람
제 가는귀를 붙잡고 그날처럼 울어요

오빠의 팽이

그 겨울
곱게 화장한 팽이는
송곳바람 휘젓던 빙판 위에서
오빠가 휘두르는 닥나무 채 아픔에도
쓰러지지 않으려 안간힘 썼다
때릴수록 맞을수록 열을 내며
더 빠르게 더 매끄럽게
춤추는 팽이를 따라
오빠 눈에는 별빛이 반짝였다

외바람치기의 고달픈 세상살이
낯선 땅 새 궤도를 찾아
쉼 없이 자신을 매섭게 채찍질했을
그 세월이 저어놓은
오빠의 깊은 주름살 위
빠르지도 느리지도 않게
너울거리는 꽃 한 송이

아직도 가슴 한구석에
귀향의 꿈 걸어놓고
팽이는 지금도 돌고 있었다
뉴욕의 한 모퉁이에서

김정필

각시붓꽃

가슴 먹먹하게 울던 사모곡도
세월 앞에 무디어져 뜸해진 발길
어머니가 나를 무덤으로 불러낸 것은
너를 만나게 하기 위함이었구나

선비 집안 칼칼하고 매운 시집살이
열다섯 살 어린 새 각시 설움
여기 다복다복 꽃무덤으로 돌아왔네

수많은 날의 기도로
이 세상 아픔 비워낸
보랏빛 꽃들의 고운 나비춤

작은 것 앞에 저절로 낮아져
무릎 굽혀 눈 맞추고
귀 기울이는 이 겸손을
무덤 속 어머니는
예순 고개 넘어도 철 안 드는 딸 가르치시네

미덥지 못한 철부지 딸
이제야 마음이 놓이시는지
어머니 각시붓꽃 옆에서 웃고 계시네

고향 소식

금성골 돌무덤에 바람 웅성대며
아기 울음소리 내고
가는골 무당 할멈 무덤가에는
할미꽃 핀다는데

자운영 붉게 누비던 논자락에
하늘 높이 솟아오른 아파트
열려 있던 대문 닫아걸고
허공에 문패 건 지 오래

오순도순 어우렁더우렁
담 너머로 고사떡 나누던 정
산골짜기로 달아나고
땅따먹기 고무줄 하던 빈 터
빌딩에 파묻혀 숨 막혀 운다는데

구불구불 솟아오르는 산봉우리
생글생글 다가오는
옛동무 그리워
창밖에 귀대고 바람 소리 듣는다

먹 갈기

어릴 적 할아버지께
먹 갈아드린다고 자청해놓고는
금방 팔 아파 한눈팔고 지겨워 딴전 피면
갈고 닦아야 사람 된다던
할아버지의 그 한마디 보약인 것을
눈멀고 귀먹어
그때나 지금이나
조금만 힘들면 주저앉기 일쑤

세상 비늘 다 털어내고 초연히 사시던 분이
먹물 다 마르도록 무얼 그리 빼곡히 쓰셨을까
모진 세상 만나 고향 등지고
자식 몇 가슴에 묻은 사연이었을까
일찍 떠나신 할머니께 건네는 사랑 편지였을까

한지 숨겨두던 할아버지의 보물창고
낡은 이층장은 지금 내 방에서
문 열 때마다 묵향을 피워내고 있다
먹물처럼 고이는 먹먹한 그리움
이제는 먹 잘 갈아드릴 텐데
할아버지 너무 멀리 계신다

아버지의 시계

아버지는 평생
고장도 쉼도 없는 시계처럼 일하면서 사셨다
힘겨운 마지막 삶, 잠시 병원에 내려놓았을 때
오빠에게 풀어준 시계는
아버지 떠나시고 얼마 안 가서 멈췄단다
아버지의 고물 시계는
외국에서 늘 가슴이 헛헛한 오빠에게는 보물
내게 고쳐달라 부탁했는데
아직 용한 의사를 만나지 못했다
주인 없는 세상
시계도 더 살기 싫었나 보다
시계는 내 옷장 서랍에서 잠자고 있는데
영혼은 이미 하늘나라 아버지 곁에 누운 건 아닌지
가끔 서랍을 열고 아버지를 만난다
오빠도 만난다

가수원佳水院 연가

갓 스물 지나 떠나 와
다시는 돌아가지 못했어도
서리 머리 노을에 잠길 때까지
꿈속에 그리는

뒤란의 골담초꽃 앞뜰의 살구꽃
봄바람에 찾아오고
샘물 퍼 올리는 두레박 소리
가슴에 푸른 물 쏟아지는

고향하늘 참새 등 타고 와
어머니 쪽빛 치맛자락 펄럭이며
봉숭아 채송화 피워내
그리움 반딧불이로 날아다니는

밤하늘에 성호를 긋는 별똥별
줍고 싶은 꿈꾸게 하는
뼈에 사무치고
피와 살 속에 흐르는 땅
흔들리는 영혼 쉬게 하는
영원한 그리움

낡은 집

대문도 다 낡아 떨어진 집 뜰에
살구꽃이 지고 있었다
잡초 무성한 마당엔 풀꽃 여기저기
숭숭한 처마에 한살림 차린 새들
꼬물대는 새끼 품고 있는 고양이
거미는 기울어진 문설주에 줄 걸고
비단실을 뽑아내고 있었다

어지러이 허물어지는 집처럼 늙을 일밖에 없는
나이를, 주름진 얼굴을 덧분으로 감추며
아직도 욕심 비워내지 못하는 내 모습에
문득 노을처럼 붉어지던 얼굴

괜찮아 괜찮아
낡은 집에도 꽃 피고 새가 울잖아
아직은 무언가 남아 나눌 게 있잖아
버릴 것 버리고 마음 내려놓고 살면 돼

머잖아 비워질 내 마당에
어떤 새 찾아올까
무슨 꽃 피워볼까
꽃 피면 새와 벌 날아올까

푸른 산빛 아득히 멀어지고
나뭇가지에 걸린 초승달 그림자놀이 하는 저녁
옷자락에 휘감겨오는 어둠이 두렵지 않았다

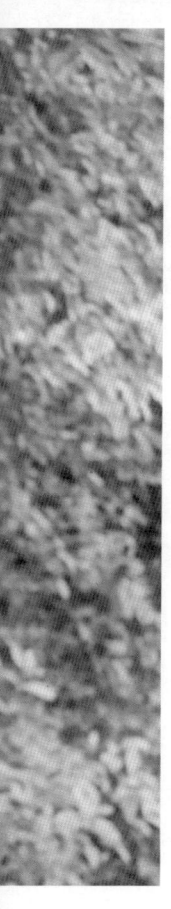

명재신,

전남 고흥 나로도 출생
부산 동아대학교 졸업
동아대학교 문학상 시 부문 당선
'월간시' 제15회 '추천시인상'으로 등단(2017)
'월간시' '올해의 시인상'(2020) 선정
시집 『돌부처 도서관 나서다』 『겨울사랑』 『아라비아 사막일기』
현재 GS건설 사우디 법인 근무

〈시작메모〉
항해일지를 꺼내 듭니다.

멀리까지 떠나와서야 돌아가야 할 곳이 남해바다
아름다운 고향 섬 나로도라는 걸 깨닫습니다. 너무 멀리
떠나와 있어 제대로 바닷길을 제대로 잡을 수나 있을는지
바람을 제대로 받을 수나 있을는지요.

기약은 없지만 귀항을 위한 닻을 올려 봅니다. 너무 멀리
떠나와 있지만 여기 돛을 올려 봅니다.

항해일지를 시작해 봅니다.

바람이 지나가는 자리
-나로도 1

바람이 지나는 자리

설핏 드러난 길
따라가다 보면 일흔을 앞에 두고
힘겨워 하던 아버지의 목소리가 난다.

바람이 지나간 길

감춰진 길을 찾다 보면
어머니는 아직도 언저리에 앉아
아버지의 목소리를 따라가고 계시고

바람이 오는 쪽으로
아버지! 하고 불러보면

음력 구월 열하루
세 물때를 보러 곡두여를 향해 가는
아버지 굽은 등 같은

바람이 지나는 길이다.

한 고비 한 고비
-나로도 3

한 고비를 돌아도 바다다
한 구비를 넘어도 바다다

갈 곳이라곤 없다
염포마을 곡두여로 가 보랴
하반금리 목섬으로 가 보랴
갈 곳이라곤 바다 밖에 없는 바다에
오늘은 파도가 일고 있다.

파도는 어디로부터 오는가
바람은 무엇으로부터 오는가

바다만 사는 바다에 해가 뜨고 있다.

한 철을 더 기다리랴
한 철을 그냥 지나가랴

밑도 끝도 없이 축정 항을 나서고 보는
어쩌든지 오늘은 최대 출력이다.

그대 작은 무덤에 바치는 노래
-나로도 4

사계 우마장에 가면 작은 무덤들
소문도 없이
엎드려 발끝에 밟히고 있습니다.

아무도 기억하지 못하는 어느 해 여름
들풀만 무성한 기억 속으로 되돌아간 그를 위하여
오늘 무더운 여름 한낮 잔바람 불어오고

왔던 길 놓치지나 않고 되잡아 가고나 있는지

아무래도 그대조차 기억하지 못하는 곳으로
되돌아갔을 그대를 위하여

파도여, 파도여,

그대를 위해 오던 발걸음도
그대를 위하여 부는 솔바람도

어제는 오던 길로 가는 바람
이제는 가던 길로 오는 바람

바람꽃 네 이파리
-나로도 5

바람이 핀다
가고 없는 봄 뒤 빈 화단 지키며
피는 네 쪽 이파리 연분홍

오래 기억하리라 작은 역사를
봉래초등교 비어있는 운동장
건너는 바람

그다지 아름답다고 하지 못하겠으나
봄 가고 없는 자리 지키는
빛깔로 그대는 그대로
어느 시절을 기억하고 있는 봄이다

알 수 없는 이름 알 수 없는 인연
그대와 나
모두 가고 없는 이 빈 봄 자리에

이젠 여름이 되어
겨우 장마 틈 사이의 만남으로
우린 인연이다
그대에게 무례하지만 주고 싶은 이름

바람꽃, 바람꽃

찔레꽃에 부는 바람
-나로도 6

갈길 많은 바다에 갈길 못 잡은 바람이
티내며 사방 안 쑤시는 데 없다

축정항 나서는 어선들 발통소리
덩달아 갈피를 못 잡고 헤매는 아침

찔레꽃 피기를 열닷새
흰 빛깔 꽃 속에서 아침을 울리는
소 울음이 한 마디 흘러나왔다.

이대로 바다에 남으랴
이대로 바다를 떠나랴

바람만 살아
갈 길 없어 방향 따로 잡지 못하는
아침 바다에

갈매기 두엇
아침노을로 굳것질만 하고 있다.

막내 누님
-나로도 7

지금도 부르는 소리 들리는 듯 합니다

어미를 잃은 건
소를 몰고 나간 누이였던가요
어미를 잃은 송아지였던가요

외갓집에 보내져 유년을 보냈었던
막내 누님
구불게 난 소영리 뒷산에 오르면
머얼리 엄마가 사는 쑥섬마을 보이고

엄마 엄마 엄마
보고 싶다 부르고 부르다
잠이 들고

엄마 엄마 엄마
송아지가 어미를 찾는 것인지
누님이 엄마를 찾는 것인지

꿈결같이 풍경소리만 아득하고
아득한 세월이 지금도 보이는 듯 합니다

내가 키우는 꽃은
-나로도 9

아침마다 염포 마을 매바위 벼랑에
앉아 한해살이가 되는,

살아야겠다고
손을 비빌수록 고개를 조아릴수록
기억할 수 없는 꿈속 세상에선
끝을 알 수 없는 돌탑만 높이를 더해가고

무너지지 마라 무너지지 마라
알지 못하는 이름의 들꽃이
아침바람에 흔들리며 손짓하고 있다.

하루를 피어서도 한 세상을 쌓는 꽃
한 달을 살아서도 매듭을 짓는 꽃

무엇을 남기고 떠나가랴

하루는 이다지 뜨겁고
하루는 이다지 시리고

예당마을 청자갈 빛깔로나 살다가 가랴
수락도 선혈로 낭자한 석양처럼 스러지랴

내가 피워낸 꽃은

어제 같은 바람이 불고
-나로도 10

간밤엔 바람도 많이 불더이다.

흔적도 없이 사라져 간 밤
내 언덕에 앉았으되 볼을 스쳐 지나가는
집으로 향하는 간밤에 많던 바람.

먼데 염포 마을 선산까지 따라온 바람
남쪽 하늘로 고개 돌리는 이 아침에
꿈결같이 파도소리 울리더이다.

사는 땅이 하도 멀어서
아직도 집으로 가지 못한 세월이
바람처럼 성큼성큼 가을바람 소릴 내고
조석으론 어머니 검게 탄 얼굴만 같은
어둠만 늦게까지 남아
겨우 겨우 어제보다 늦은 해가 뜨더이다

간밤엔 파도도 높게 일더이다.

신남춘,

전북 부안 출생
한비문학 신인상(2011)
월간시 추천시인상(2016)으로 등단
시집 『풀꽃 향기』 『비 오는 날의 초상』외 공저 다수
한비문학상, 대한민국예술대상, 부안문학상 수상

〈시작메모〉

가을장마가 왔다 무더위를 씻어 내리고 쪽 늘어진 식물들 생기가 돈다. 코로나19도 휩쓸려 가면 좋겠다. 장마 끝자락 가을이 자박자박 걸어오겠지? 답답한 마음 속 시원해지고 가을 속에 살아가는 사람들 모두 다 행복했으면 좋겠다. 마음 따뜻한 고향의 향수 영혼 깊이 새기며 하루하루가 익어가는 서로의 관계이고 싶다. 우리의 일상을 즐거움으로 풀어 영혼을 맑게 하는 자유로운 삶을 누리고 싶다. 같은 하늘아래서 희로애락을 함께 나누며 부족한 것, 약한 것, 모자란 것을 채워 주며 속상한 마음 허무한 마음까지도 털어놓을 친구가 곁에 있어 준다면 얼마나 좋으랴. 커피 한 잔 마시며 고향을 떠올리고 조용히 눈을 감고 친구를 그리워하며 나 홀로의 사색하는 시간 속에 머문다.

입추 立秋

더위를 물리치는
빗소리에 대추 알
톡톡 영글겠다.

동녘에 해 뜰 무렵
이슬 머금은 숲길
상큼한 공기 풀어내면

오늘도 고향 들판
벼이삭 영그는 소리
마냥 깔깔 대겠다.

툇마루에 앉아
할배 생각하던 할매
바람 쐬다 잠이 들고

오늘도
할매는 오롯이
할배 꿈을 꾸겠다.

내 고향 부안

산, 들, 바다가 있는
수려한 풍경
마음 속 깊이 품은
행복한 요람

변산 둘레 길을 걸으며
한눈에 바라보는
가슴을 씻어 내리는
서해 바다의 향수

탄성소리 가득한
감동의 굴레 안
삶의 한 순간순간을
정답게 사는 사람들

마음 편히 쉴 곳
두 눈 휘둥그레지는
아, 생生의 눈빛들
다정한 내 고향, 부안

네가 있어서 참 다행이야

가는 세월 그냥 가라 하고
오는 세월 그냥 흘러 보낼 걸
뒤돌아보니 살아온 날들
생生의 언덕에 기대어
오르락내리락만 했었지

어쩌다 반백의 머리되고
주름살은 늘고 있는 가
하루, 또 하루를 넘길 때마다
기쁨의 순간 뒹굴어 다니고
슬픔도 따라 뒹굴고

산마루에 올라서서
기우는 해를 바라보며
침묵으로 숙성시킨 사색
낮과 밤이 바뀌는 즈음
마음의 평화를 노래했지

세월이 주는 순리를 따라
묵묵히 살아가면서
오르막이든 내리막이든
네가 있어서 참 다행이야
우리 마냥 즐겁게 살거니

그 길가

비포장 시대
뿌연 아픔을 달래며
오가던 그 길가

전깃줄에 쪼르륵
참새 떼 나란히 앉아
짹짹거리던 그 길가

예쁜 꽃을 보듯
오가며 마주치던
낯익은 얼굴들 그립네

비가 내리면
비를 흠뻑 맞아야
키 큰다 거닐던 그 길가

눈이 내리면
하얀 눈을 맞으며
낭만에 젖던 그 길가

지금 어디 숨어 버렸나
역사의 한 페이지 되고
기억에서 지워진 그 길가

그때 그 자리
아스팔트 까만 길로
자동차 소리만 굴러가네

사랑은 가고

사랑하고 싶다고
다 사랑을 하는가
사랑이 그립다고
다 떠오르기만 하던가

사랑은 쉽게도 오고
쉽게도 가버리니까
한번 가 버리는 사랑은
그리움에 덫에 걸려

모닥불 사라지듯
다시 오지 않는 사랑아
보일 듯 말 듯
저 높은 하늘에 있어라

내 안에 사랑은 가고
상한 아픔도 빠지니
사랑은 다시 올 줄 모르나봐
빈 둥지 하나 남아 있네

소나기, 발 묶다

소나기 내려
젖은 사람들은
모두 다 무죄다

길은 뚫려 있지만
사람들은 지금
길을 버렸다

빤히 내다보이는 길
빗방울만 걸어가고
사람들 걷지 않는다

길거리 가게 앞
비를 피하려는 사람들로
발 놓을 공간은 적다

초췌한 얼굴들
다문 입 떨리지만
말문 열지 않았다

멈춰선 시간들
기다림 속에서

침묵만 푹 익었다

얄궂은 소나기
시간을 잡아두고
갈 길을 묶고 있다

친구여

가을이 곱게 익은 날
낙엽은 떨어지고
가을남자는 고독하다

추적추적 내리는 빗소리
귀로부터 멀어질 때면
가로등 불빛 더 환하다

콧노래 흥얼대며
함께 거닐던 그 시절
지금은 어디 있을까

그 옛날 젊은 날
다정했던 그 얼굴
새록새록 떠오르는 밤

추억은 어둠을 덮고
고이 잠든 깊은 밤
꿈결 속 피는 그리움

오, 친구여
갈잎 쌓이는 이 계절에
네가 마냥 그립구나

다시, 내일

뭐 할 일이 없어도
누군가 부르지 않아도
그냥, 그냥 지나쳐 가는
하루 한 날

커피 한잔 마시며
떠오르는 미소들이
그리움으로 솟아
가슴을 적신다

궂은비 내리고
바람에 휩쓸리고
힘들어도 참아 내는
익숙한 세상살이

달빛이 걷히고
태양이 떠오르면
새 마음 새 희망으로
다시, 하루의 시작

염정금,

'월간시' '추천시인상'으로 등단(2015)
오마이 뉴스 시민기자
'아줌마닷컴' 사이버작가
해남 군립도서관 글쓰기 강사
시집 『밥은 먹었냐 몸은 괜찮냐』
동서문학 맥심상(2014 시, 2016 수필) 수상

〈시작메모〉
나라는 존재 속에 깃든 잠재적 사람들인 가족. 아버지 어머니
형제자매 그리고 이어지는 아들 딸 사위 며느리…. 각 집의 장맛이
다르듯 함께 살아온 모습에서 그 형태는 다르지만 깊고 깊은
장맛처럼 끈끈하게 이어온 사랑이라는 근본이 다음 세대를 열어가고
있는 것이라 여긴다. 코로나로 발 묶이고 거리두기로 산 올해는
그 어느 때보다 이런 가족이 그리웠다. 더구나 명절이나 제사
때마저 만날 수 없어서일까? 카카오톡 그룹 대화가 그 어느 때보다
길고 길었지만 직접 만나 옛 추억을 더듬으며 울고 웃는 정겨움이
없어서인지 가슴 한 편이 늘 아릿하고 허전했다. 추석이 지나고
코로나도 사라진다면 두레밥상에 둘러앉아 옛 추억 더듬으며 울고
웃는 정겨운 날이 왔으면 좋겠다.

장꽃

어머니 품처럼 둥실한 장독에
깊은 산정기 품은 사또 약수
바다 속내 배인 소금
땅심 품은 메주 여섯 덩이
정갈한 마음으로 담아두고
여든 세월 삭혀 온 당신의 속내 같은
깊디깊은 장맛 우러나길 기다립니다

말간 물이 메주 빛을 띠다
밤빛으로 짙어질 무렵
육남매 키우느라 힘겹던 시절
울컥울컥 토해내는지
하늘 드리운 장 위로
하얀 찔레꽃 닮은 장꽃 핍니다

항아리 미세한 구멍으로
햇살과 바람이 드나들며
할머니가 어머니에게
이제는 내게 전해진
속 깊은 장맛이 되는 것일까요
장독 뚜껑을 열 때면
짭조름한 장 내음 코끝 스쳐갑니다

사골국에 만 밥

어머니, 사골을 사와 끓여요
포르르 삶아 핏물, 기름 걷어내고
일생 동안 버티고 남겨진 골수
우려내려고 끓이고 또 끓여요
몇 겹을 거쳐 우직한 소 되었는지
그 생 알 수 없지만
일어날 때면 끙, 소리 내는 나이
뜨끈한 방에 등 대면 뼈아픔 가시는 나이
사골국에 만 밥 목 넘김이 좋네요

어머니, 이제야 알겠어요
철없는 우리에겐 쩍쩍 달라붙는 진한 국물
며칠 동안 보약처럼 소금 한 집 넣어
아버지와 육 남매만 한 사발씩 건네고
맨 마지막 곤 허여멀건 사골 국에
시래기 송송 썰어 넣어 끓인 국
보리밥 말아 드시며 맛나다 하셨지요
한 짐 같은 몸 일으켜 어기적어기적 걸어가
사골 국물 솥을 들여다보고 또 보던
당신의 뼈 내린 사골국이었음을….

할미꽃

내내
호미 안마 거부하던 언 땅
따사로운 햇살 내려 뜸떴을까

마른 줄기 덮고 감감하던 할미꽃
꽃망울 올려 봄볕 안은 모습
거실 한 켠 구부정하게 앉아 봄 햇살에
아픈 무릎 뜸들이는 구순 앞둔 엄니 닮았다

무릎 성성하던 날
서울 청주 안동 순천 심어둔 육남매
철마다 찾는 행복으로 사시더니
셋째 딸 이사한 해남 가고 싶어도
마스크로 봉하고 발까지 묶는 코로라
그 몹쓸 것 땜시 가 볼 수 없어 애타다 하네

호박덩굴 담을 타고 대숲 배경 삼은 집 보고
보기 좋다 언제 가냐 안달하시는 엄니
봄 문 열고 얼굴 내민 저 할미꽃처럼
곳곳 사는 형제자매 대동하고
함박꽃으로 들어설 날 그려 본다

한가위

추석 명절 두레 밥상 앞에
몸 기대고 둘러앉은 형제자매
둥근 달처럼 순한 눈빛으로
밤 털듯 추억을 털어낸다
가난이 밤송이 가시처럼 박히던 시절
장남이어서 힘겹던 어깨
장녀여서 포기한 꿈
늘 북이던 차녀, 막내의 하소연
시집오던 해부터 들어서 다 아는 얘기
가시 젖힌 밤송이 틈으로 얼굴 내민
토실한 알밤, 벌레 먹은 밤
살이 차지 않은 껍질 밤
술잔에 털어놓고서
울다가 웃다가 서로를 보듬는 밤
한가위 달빛이 환하다

그늘

연일 달아오른 폭염 피해
몽산포로 캠핑 간 남편
천리포 수목원 산책하다
지난여름, 수목원 옆에 두고
뙤약볕 내리쬐는 바닷가 모랫길을
시오리나 걷게 해 미안하다며
나무 그늘 사진을 보내왔다

젊은 날, 뙤약볕처럼 쏘아대며
자그마한 실수도 타박하더니
내리고 부리고 이해하고
서로의 그늘이 되어가는 시기
잊고 산 옛일까지 되짚어서
미안함 전하는 남편의 메시지
듬직한 등 그늘이다

할머니 막걸리집

마을 사람들이 하루의 고단함을
젖물 같은 농주農酒로 달래다
거나한 취기에 시비가 오가면
썩을 놈들, 욕 한 바가지 퍼부어 집으로 내몰던
마을 어귀 할머니 막걸리집
햇살 튕기던 반질한 기와마다
거무스레한 이끼 치석처럼 굳어져 가고
이제 주막 찾아드는 발길 잦아들어도
언제든 찾아들 사람을 위해
열무김치 접시에 담아 두고
부엌 항아리 가득 막걸리 채워둔 할머니
가을 들녘 날아들어 벼를 쪼는 참새처럼
드문드문 찾아들어 속내를 풀다 가는 막걸리집
방문 고리에 비스듬히 누워 햇살 쬐던 숟가락
할머니 잦은 마실을 전하고
술탁 가운데서 속내까지 태우던 구공탄은
퇴색한 기억의 재로 냉기만 품고 있어
갈바람에 잠깬 무화과 나뭇잎들이
그럭그럭 마른기침을 해대는데
주인 없는 막걸리집 찾은 할아버지
그 무엇을 내려 앉히려는 걸까
연거푸 막걸리 잔을 비우고 있다

부부

어떤 날은
꽃망울 더듬는 남풍으로
어떤 날은
살갗을 후비는 북풍으로
오르락내리락 시소놀이 초년 부부
서로 낮춰 조율하는 법 익혔을까
시시때때 서로의 안부를 묻고
개그 프로로 함께 웃으며
높낮이를 잘도 맞춰 즐긴다
눈빛만 봐도 싫은 것 좋은 것 알아
챙겨주고 받쳐주고 눈감아 주는
평행한 기찻길이다

호박덩굴

정수리를 파고드는 팔월의 뙤약볕
고문처럼 내리쬐는 가시광선 헤치고
담을 타고 오르는 호박덩굴
아침 이슬로 갈증만 잠재웠을 터인데
어찌 저리 선명한 초록으로
달궈진 담을 기어오를까

밤새 짝 찾는 논개구리 울음따라
담을 넘어 둔덕으로 뻗어난 푸른 호기심
사이사이 노란 호박꽃 피워
담 밖 세상을 품고 있구나

개구리 울음소리 잦아들고
벼들이 고개를 숙일 무렵 가마솥에선
고향 찾는 자식들 먹일
호박죽이 뭉근하게 끓고 있겠지

이종범,

한양대학교 공대 졸업
'월간시' '추천시인상'으로 등단(2017)
현재 ㈜우성기업 아산공장장

〈시작메모〉
지금은 떠나버린 고향은, 세월이 흘러 많이 변해 버렸다
해도 그 어릴 적 추억을 어찌 잊을 수 있으랴. 손때 묻은 옛
추억에 가슴이 아리기도 하고 행복한 미소가 지어지기도
한다. 고향에서 맞이했던 그 바람과 꽃과 햇살과 웃음과
슬픔과 그리고 그리운 이들…. 기억 깊숙이 자리 잡은
고향은 지워지지 않을 것이다. 내 가족과 부모님과 동생들
또 가까운 사촌들도 가족이 얼마나 소중한지 존재들인지,
앞으로도 항상 감사하며 그들과 좋은 추억을 만들며
살아가야겠다. 삶이 뭐라고 살다 보니 아쉬움도 있지만
그래도 사랑하고 의지해야 할 사람들임에 틀림없다.

마늘가족

아내와 마주 앉아 마늘을 깐다
반들반들
뽀얗고 윤기나는 마늘쪽
생글생글
큰 놈, 작은 놈이 미소로 반긴다

마늘쪽 입히고 먹이고 키우느라
정작 자신은
거칠거칠
볼품 없어진 마늘통
마늘쪽 걱정에 애간장이 탔구나

한 가정 간수하느라
뚝심으로 살다 보니
뻐덕뻐덕해진
마늘 줄기
생기生氣는 사라지고
뻣뻣한 고집이 질기다

마늘 쪽 같은 자식들 키우느라
힘들고 어려웠지만
마늘줄기 주위로 똘똘 뭉쳐 있는 모습이
우리 가족 같구나

딸에게

집 청소를 하며 네 방도 치워야겠다고
방문을 열고 들어갔을 때
몇 개월 뒤면 네가
새로운 보금자리로 떠난다는 생각에
한 움큼의 슬픔이 밀려들었다

너를 세상에서 처음 만났을 때
너는 나의 앙증맞은 복슬강아지
총명하고 질문이 유난이 많았던 너는
커가는 동안 늘 위안이었다

얼마 전 친구 딸 결혼식에서
다른 딸바보 아빠들처럼
나는 울지 않고 웃으며
기쁜 마음으로 보내겠다고 했는데

그건 순진한 멍충이 생각
이렇게 상상만으로
싸늘한 느낌에 어쩔 줄 몰라 하는 걸

이 마음도 어쩌면
이별연습을 얼른 시작하라는
무의식이 주는 걱정스런 고지告知일지 모르지

방을 닦다 말고 멍하니
네가 쓰는 화장대를 바라보자니
비어버릴 이 자리가
삶 가운데 홀로 시리게 외로웠던 아픔에
눈을 적신다

아내

매일 지나다니는 수원역
큰 역사로 지어져 근사하다
수원에서 신접살림 할 때
수원역은
철로 옆에 코스모스가 줄지어 있는
조그만 역사

오늘 아침 수원역을 지나며
아내 얼굴이 떠올랐다
발그스레한 애기살 볼로
역사에 서 있던
아내 얼굴이

요즘 아내에게서 붙잡지 못한
세월의 흔적을 본다
못 보던 새치가 찾아들고
식료품 몇 점 들고 힘들어하는

수원역은 이렇게 멋지게 변했는데
우린 왜 이리 낡아지는지

세월 실은 열차가 달려가든 말든
난 코스모스 한들거리는 역사에서
두근거리는 마음으로
활짝 웃는 아내를 맞이하련다

아버지 사랑

파리하게 시든 아들이
황달에 걸린 것을 알게 되자
아버지는 단걸음에 백오십 리 길 고향에 가서서
인진쑥 한 짐을 베어와 까맣게 달여 먹였다

너무 써 온 몸이 거부하던 진액
쩐득한 사랑으로 마셨다
사랑은 절벙절벙 몸을 적셨고
노란 병색은 씻은 듯 나왔다

그 때 알았다
아버지는 사랑을 품고만 계시다는 걸
껍질이 여물어 딱딱하게 변할 때까지
홀로 보듬고 어루만지고 계시다는 걸

사랑 한 겹 들쳐보지 못했던
눈물로 아려오는 부끄러운 가슴
눈꽃 속 산수유 열매보다 붉은
아버지 사랑

눈물 나던 날

사십 년 만에 찾아간 고향에
내가 살았던 집은 사라지고
없었다
마을과 멀리 떨어져 갱빈에
있던 집
뒤뜰 커다란 느릅나무 한 그
루만이
그곳이 우리 집터였음을 알
려주듯
눈을 껌벅이며 서 있었다

먼 장에 간 엄마는 오지 않고
금방이라도 뭔가 튀어나올
것 같은
껌껌한 느릅나무 가지에
부엉이 퍼런 눈이 번쩍일 때
어린 두 여동생과 손을 잡고
대문 앞에서 엉엉 울었던 집

여름밤 마당에 멍석 깔고
애호박 칼국수 한 그릇 뚝딱
해치우고
우뚝한 배 하늘로 밀며 크게
누우면
수많은 별과 은하수와 전설이
쏟아져 내려 하나가 되던 집

마당 한편 담벼락에 심고
아침마다 정성으로 물 주었
던
마르고 키 작은 복숭아나무
는
열매 맺어 주겠다는 약속을
잊은 듯
영영 나타나지 않았다

대문이 있었던 곳에 턱을
괴고 서서
물끄러미 바라보던 시린 두
눈에
사랑하는 부모님과
널따란 마당에서 뛰놀던 두
동생이
흑백사진처럼 스쳐 지나가고
조각조각 이어지는 아득한
그 시절
눈물 젖은 기억의 편린

지은아 미안해

마흔두 살에 얻은 막내딸
질풍노도의 시간을 보낸다
자신을 얼마나 사랑하는지
확인하기를 좋아하는 아이

딸을 사랑하는 크기에 비례해
나는 지독한 사감 선생이나
세상 물정 모르는 꼰대가 된다

스마트폰 보는 시간 줄여라
학원 갔다 와서 복습 안 하면
등골 브레이커가 되는 거야
돌아보니 나도 이 나이 때
팔할이 부모님 걱정거리였다

지은아 미안해
이제부터 얘기 잘 통하는
친구 같은 아빠가 되어 줄게

친구 요청

몇 년 전 초록별이 되신
어머니가 오늘
카톡 친구 요청을 하셨다
프로필 사진도 없이

액정에 선명한 어머님이란 글자
순간 액정화면이 뿌옇게 흐려졌다
공짜폰을 받으셨나
용돈도 못 보내 드렸는데

뭘 물어 보시려고

요즘도 당신 딸에게 잘 하는지
딸은 어떻게 지내는지
당신이 보내주시던 제철 음식은
어떻게 해서 먹는지

걱정 마세요, 어머니

당신 떠나시고 전화번호 지우기가
민망하고 아쉬워서

송구스럽게도 차단 버튼을 누르는
손가락이 떨린다

사촌동생 종길이

너와 나 사이 삼백리 길
방학 때 놀러 가면
싱글벙글 뭐라도 한 가지
날 기쁘게 해주려 했던
"히야! 히야!" 다정하게 부르며
조잘조잘 얘기하길 좋아했던

인생살이가 뭔지

오랜만에 만난 너는
웃음도
다정한 목소리도 잃어버리고
가득 서린 우수

함께 하지 못한 시간이 앗아간
우리 사이 살가움

헤어지는 너의 등을 토닥이며
자주 만나지 못해 미안했다
그래도 너와 나 사이 추억은
잊지 말고 살자꾸나

*히야 : 경상도 지방에서 형을 지칭하는 말

임하초,

충남 세종시 출생
월간 '한국수필' 수필 등단(2011)
'월간시' '추천시인상' 당선(2016)
서울시인협회 시문학회 회장
시집 『영혼까지 따뜻한 하늘 우러러보다』
'월간시' '올해의 시인상' 수상(2018)

〈시작메모〉
골목을 달려 내게로 오던 아이들이 있는 풍경이
가장 아름답다. 저녁을 먹고 제 방마다 찾아들어
잠을 자는 식구들의 방문을 닫고 잠자리에 들기
전 시 한 편을 읽어 보는 시간 또한 행복하다.
슬픈 기억이 많은 고향의 추억이더라도 다시
생각해 보면 젖을 먹이던 어머니가 있고 형제들이
함께 밥 먹는 풍경이 있는 고향의 원천적 사랑이
있던 그곳의 힘으로 살고 있는 것은 아닐까.
미운 정도 고운 정으로 곰삭아진 가족의 모습이
오늘 내 성격이며, 방식이며, 특성이 되었기에
가족 하나하나를 다시 생각해 보는 것은 자아를
찾아가는 것일 게다. 그러면서 세상을
이길 힘을 채우는 것일 게다

그립다

함부로 말하지 않았다
울 시간도 사치의 허울 속에 숨어
아무 곳에서나 흘릴 눈물이 아니었다
찬바람이 너무 아파도 멈추지 않았다
짐 가방이 무거워도 내려놓지 못한 것은
어서 가야지 당신을 향해 가는 것뿐이었다
당신의 그 품에 안겨서
실컷 울어 볼 날을 기다리며
그립다는 속말마저 함부로 말하지 않았다
한 번 흐르는 눈물을 주체치 못할 터
이미 벌써 누군가의 질척거려 놓은 발자국을 밟고
울다가 죽을지도 모른다는 공포에 꾹 참았다
당신의 품에 쓰러져 울면
다시 웃을 날 있을 거라는
그립다는 말마저 숨기며 살았다
여전히 나를 기다리고 있을 거라는
오늘도 발걸음을 재촉하는데
온몸에서 눈물이 나네요

젓가락 고데기

닭 모이통에서 참새들은 요란한데
이른 봄기운에 화로가
마루에 나와 있다

낭자머리를 곱게 빗질하던 새댁은
정갈하게 비녀로 마무리하고
얼굴이 작고 갸름한 턱에
낭자머리가 밋밋한지
젓가락을 화롯불에 담금질하여
눈 옆의 머릿결을 살짝살짝 물결무늬 해 보곤
아주 흐뭇해한다

간조름한 낭자머리에 생긴 세련된 웨이브
후다닥 방앗간 옆집 동갑네에게 자랑하러 가고
젓가락 고데기를 개발한 젊은 새댁은
거울 보는 시간이 점점 더 많아졌다

애를 다섯 낳은 그 새댁 삼십 대였으니
촌구석 여자로 참 멋쟁이였네

고명

동네 개마다 메리라고 부르던 아낙은
논두렁에서 허튼짓 없던 깻단과 콩단을
마당에서 흠씬 두들기며 칠부는 버리고
미루나무 아래서 다시 절반을
키질에 다시 삼부 버리고
옹골진 참깨 볶아서 고명 얹어
밥상을 화려하게 꾸미고 싶었지

구수한 냄비의 동태 절반 넉넉히 남편 주고
가운데 절반은 아들 주고
남은 꼬리에서 젓가락 촉도 부지런하더구먼

물동이 아래 똬리처럼 짓눌려도
함부로 고개 숙이지 않고
자식 자랑이 그녀의 자존심으로
고명딸 머리 위에 손 얹고
착하다 착하다 복 빌다 먼 길 가신다

바람도 함부로 하지 못하게
머리카락 쓰다듬던 아낙의 손이 신의 손인 줄
자식 손 맞잡아 보아 알았다
머리에 손 얹은 심정이 어땠는지

춤사위

고독한 노정路程에서
제비는 무슨 꿈을 꾸었을까
따뜻함이 남아 있는
흙집 하나 원할 뿐이었다지

한 점 한 점 쌓는 행복을 꿈꾸며
인내는 아교阿膠가 되고
새끼 품을 품위만은 멋스럽게 하려
태풍 휘감던 춤이 그의 가슴을 뜨겁게 했다지

매화를 사랑하던 나비의 고결한 사랑
어느 부리에 낚여
몸뚱어리 퍼득거리는 유희
천박한 춤이었나

훨훨 황금 가루 마지막까지 날림은
텃밭의 장다리에 매달려 꿈꾸는
애벌레의 행복을 축원하는 그녀의 유희
이토록 고결한 생명의 춤사위 누가 알까

흙길

목련 꽃길이 미끄럽다
쉬 뒤집히는 벚꽃길은 또 어수선하다
꽃길 걷는다고 다 기쁘기만 하랴
멀리 봐서 부러워하지
비단 깔아 놓았다고 넘어지지 않으랴

발자국 남아 굳어진 흙길
진흙으로 고되기만 하더니
돌아보면 아련한 추억으로
꿈이 클수록 군살로 굳어져 있다

사랑과 아픔의 조화로
평범한 길이지만
누구나 꿈과 희망을 키우며
포근한 온기 품어 발등이 따뜻한
흙길이 정겹다

꽃이었다

강마른 뼈다귀처럼 단단한
껍질을 비집고 나오는 나무의 뾰루지들
몽우리가 터지면 꽃 되던데
얼마나 다행인지

그 첫 대문 열기 어렵지
활짝 피는 것은 한나절의 열심으로
속 깊은 마음은 향기로 들켜
수줍게 화사하게 여리게 곱다

뻣뻣한 나뭇가지 속 아팠던 날과
눈발에서도 피는 매화의 사연이야 오죽하랴
그녀는 아픔을 향기로 말하는지도 모르겠다
꽃마다 갸륵하다

충신 임난수의 상려암

며느리 바위 옆 평범하나 고상한 바위는
주인이 따로 있어 산새라도 근접하지 못한다
임난수 장군*이 망한 고려를 바라보며
죽는 날까지 임금을 생각하며 앉았다던 바위

상려 바위*가 되어 전월산*에 여전히 있는 한
양화리 시거리*의 그 후손들
어느 곳에서나 고향 향한 그리운 반석 만들겠지

나랏님 말씀에 고향을 내주는 충정심을 남겼으니
행복도시 사람들 냉정함만 있겠나
숭모각*을 육백 년 지킨 은행나무 절개로
장남평야 바람을 근본으로 다스렸으니
동촌의 큰 골안, 서촌의 골말, 정자동
평촌 지나 가래기, 성전 지나
흐여물까지 다 한 집안인데
평온한 들판처럼 새 나라의 평온을 빌어본다

*임난수 장군 : 고려 말 최영장군과 함께 탐라국 징벌하여 공을 세움
*전월산 : 세종시. 해발260m, 상려바위, 며느리바위, 용천 등의
 전설이 있음
*시거리 : 양화리 주변 진의리,송담리,나성리까지 부안임씨의 세력범위
*상려바위 : 임난수(1342~1407) 장군이 망한 고려를 바라보며
 앉았던 바위
*숭모각 : 부안임씨의 시조 등 14인 위패 모신 사당. 문화유산 제35호

고향을 생각하는 것은

생의 골목마다 아픔이 흐르고
늘어진 뱃살 위로 떨어지는 한숨 소리는
양철 물받이의 요란한 몇 개의 처연한 외침
응석처럼 별다른 눈길 한 번 없어
물받이 홈통의 낙수 소리처럼
토악질 고함을 질러대다
온화함을 다시 느끼고자 나는 고향을 생각합니다

당신이 준 사랑이 거기 남아 있길 바라는 마음이며
그렇지 않더라도 스스로 성숙해야 한다는 다짐으로
어머니를 그리곤 합니다

그들의 인연은
내 손이 되고 발이 되고 눈이 되고
하염없이 생을 시작하게 되었고
도리어 그 인연의 줄이 변하지 않도록
혈연의 핏물을 들여 색의 바램을 막아서
온갖 치장의 겉허울을 벗으려 버둥거리다
어머니 품에서 젖을 먹던 때를 상상하는 것은
버둥거림을 달래 준 손길이 그립기 때문입니다

정인경,

전남 무안 출생
광주교육대학교 졸업
전 초등학교 교사
'공감과 치유' 창간 동인

〈시작메모〉
살면서 잊혀지지 않는 것들은 그때 그 순간,
순간마다의 장면과 장면, 그 순간들이 뒤엉켜
만들어낸 희로애락 감정의 그림자는 긴 여정의 시간
속에서 옅어지고 흐려지며 그리움 하나로 농축되고,
그리운 것들은 늘 가슴에 남아 오늘을 지탱하며
살아가는 힘이 되어 줍니다. 그리운 일상들을 소재로
쉽고 편하게 읽힐 수 있는 쉬운 시를 추구하며
독자를 향한 발걸음 살포시 내디뎌 봅니다.

아빠의 수염

전화선을 타고 울리던 벨 소리, 머리칼 쭈뼛 서던 직감
놀라움도 없는 덤덤함으로
귓가를 스쳐 가던 언어들
창백해진 마음으로 머릿속은 하얘지고

검푸르게 질려 투박하던 손과
꺼끌거리던 아빠의 수염과
낯설기만 했던 검은 옷의 행렬

외로운 술잔과 건배하던 삶마저 잃어버린 채
돌이킬 수 없는 현실 속에 누워 계시던 아빠

우리는 모두가 죄인으로 엎드려
회한의 통곡으로 목놓아 울부짖었고

당신을 향해 던져진 수북한 국화 송이
한 삽 뜬 흙과 함께 그렇게 가셨습니다
어느 무덥던 여름, 비 오던 날에

지금도 잊을 수 없는 건
꺼끌거리던 아빠의 수염
그 생생함에 오늘도 내 심장은 따끔거립니다

손주

아이가 아이를 낳아
손주라는 이름표를 달고 왔습니다

뱃속에 있을 때는
딸 걱정에
미운 마음만 돋아나고
태어나도 예뻐할 수 없을 것 같았는데

진통이 시작되던 순간부터
맘은 이미 손주 걱정으로
얼마나 가슴 졸였는지

한 해 가고 두 해 가니
딸은 뒷전이고 손주만 보이는 게
손주 바보 되고 말았습니다

둥지 떠나는 아기 새

엄마랑 아빠랑
영화도 봐 주고 밥도 먹어 주고
그림자 같던 딸인데

치대며 징징대던 모습까지
매일의 일상이
그리워질 것만 같습니다

갓 스물다섯
취업의 관문 뚫고
사회에 내딛는 첫발
대견스럽다 좋아하다가도

녹록치 않은 사회밥으로
고운 두 눈 눈물 빼면 어쩌나
가슴 무너지면 어쩌나

아직도 아기 새인데
엄마 아빠 품에 안겨 살던 날들 그리며
서러운 날 생길까 근심이 스칩니다

기뻐하며 축하해야 하는데
어린 것 물가로 내보내는 맘이 짠해
물끄러미 바라만 봅니다

배 아파 낳은 어미 맘인가 봅니다

꿈 하나

꿈이 하나 생겼습니다

사랑하는 남편과
사랑하는 내 아이들

어깨 토닥여 주고
등에 붙은 머리카락도 떼어 주고
외출하는 뒷모습도 바라보며
배웅하고 싶은

식탁에 둘러앉아
엄마표 맛난 것들
커다란 접시에 담아내어
입에 넣고 오물거리며 나누는
일상의 행복 지키고 싶은

소박해도 커다란
마음 행복해지는 꿈 하나

아버지

아버지가 작아지셨습니다
지난여름 시름시름 앓으시더니
나보다 더 작아지셨습니다

온 집안 쩌렁쩌렁 울리던 목소리
다시 들을 수 없을 것만 같은 두려움으로
가슴이 내려앉습니다

저수지 너머 감나무 밭 감들은 어쩌라고
논두렁에 세워진 허수아비보다 더 힘이 없어지셨습니다

그래도 만만한 게 마누라여서
그녀에게만 툭 내지르는 한 마디
가슴속엔 사랑 가득 담아두시고도
내색하기 싫으신가 봅니다

갉아먹은 시간만큼 토해낸 주름살
세월 비켜 갈 수 없는 운명으로
기운 잃고 작아지셨습니다

남편을 향한 고백

고마워

아직도
내 눈물 안쓰러워하며
위로해 주고

내 곁에서
날 사랑해 줘서

표현도 서툴고 무던한
투박한 질그릇 같은
사랑스런 내 여보야

고향

고향이란 도화지에

넓다란 사거리 신작로 끝에 공원 하나
뎅그렁거리던 성당의 종소리
커다란 방죽과 깔깔대던 웃음소리 가득한 리어카
개울 앞 숙이네 무화과나무 한 그루
민이네 아이스케키 집
걸을 때마다 벗겨지던 실로 꿰맨 검정 고무신과
치마폭 자른 천에 책 둘둘 말아 어깨에 질끈 동여매고도
즐겁던 등굣길
막걸리 냄새 풍기던 찌그러진 노랑 주전자와
달고나, 뽑기, 설탕 과자, 눈깔사탕, 만화가게….
기억 구석에서 아른거리는
그리운 것 모두를 그려 넣습니다

그릴 것은 넘쳐나는데
도화지가 너무 작습니다
차라리 두 눈 지그시 감은 채로
가슴 가득, 맘껏 채워 넣으렵니다

내 고향 그곳

엄마의 잔소리

엄마 잔소리가 좋습니다
당당한 엄마 목소리가 참 좋습니다

편하게 해드리고 싶었는데
못난 게으름은
엄마를 고생시켜 드리고 말았습니다

이건 이렇게 해라
저건 저렇게 해라
궁시렁궁시렁 연신 들려오는 엄마의 잔소리

분명 나무라는 말들인데
내겐 희망의 노래로 들려와
히죽거리며 웃음이 터져 나옵니다

손 빠르게 일하실 만큼
힘차게 잔소리하실 만큼
기운이 남아 있다는 건강 신호등이니까요

최유미,

'월간시' 제25회 '추천시인상' 당선(2019)
평택 명성관세사무소 실장

〈시작메모〉
누구나 위로받고 싶을 때 찾아가고 싶은 곳이 있습니다.
어릴 적 고향이기도 하지만 고향이 아니어도 그곳에 가면
나를 반겨 줄 수 있는 따뜻한 그 무엇이 있는 곳
살아온 날들이 살아갈 날들보다 많아질수록 우리의
그리움도 추억도 배가되어 갑니다. 가족일 수도,
친구일 수도, 추억 속의 장소일 수도 있는 아무 조건 없이
나를 맞아 주었던 그곳. 그리고 그것. 우리가
살아가야 할 이유입니다.

나는.
나를.
기다린다.

상처가 아물어 웃을 수 있는 날을
기다려 줄게

미움을 용서할 수 있는 마음이 되는 날을
기다려 줄게

온전히 너를 위한 무언가를 할 수 있는
용기가 생기기를 기다려 줄게

버릴 건 과감히 버릴 수 있는
지혜로움이 생기는 그날을 기다려 줄게

좀 오래 걸려도 괜찮아
기다려 줄게
내가.
나를.

콩나물국

콩나물 특유의
아삭함과 시원함
적당한 매콤함에
한술 뜰 때마다
따라오는 다정함

먹을 사람 생각하며
간을 맞추고
최상의 맛에도
뭔가 더 주고 싶어
아쉬워하며
마지막 정성 한 스푼까지 더한
딱 떨어지는 이 맛

이제 콩나물만 보면 생각날 그대
사랑 한 스푼
배려 두 스푼의
콩나물국

영어는 성적순이 아니에요

예쁜 친구는
라면에 설탕을 넣었다
허리랑 발목이 가늘었고
눈이 크고 성숙했다

등교 시간
지워도 지워지지 않는
아이라인이 남아 있었지만
1등으로 학교에 왔다

공부는 내가 더 잘했다

국제도시인 송탄에서
친구는 미국인 공군과 결혼했고
친구의 피로연 장소에서
공부를 잘 했던 나는
친구 남편의 미국 친구들과
한 마디 말도 못 했다

영어는 성적순이 아니었다

살아가는 이유

잔잔히 흐르는 물결조차
마음에 안 드는 날이 있다
살포시 속삭이는 새소리도
귀에 거슬리는 날이 있다
내 상처에
내가 힘들다 하는 건 괜찮은데
위로라고 떠드는
남의 목소리가 시끄럽다
나를 위함임을 알면서도 시끄럽다

슬픈 마음을 비우기엔 시간이 필요한데
그런데…
그런데…
마음을 닫고 있는 나에게
네 잎 크로버 찾아 건네는 너는
닫았던 마음 미안해서
눈물 뚝 떨어지게 하는 너는
내가 살아가야 할 이유란 말인가

울보

눈물 연기를 한다 해도
슬픈 기억 하나쯤 떠올려야지

한순간의 슬픔, 때론 감동에
훅 올라와서 눈으로 나오면
영락없이 가슴 한쪽이 아프지

누구는 태어나 세 번만 울라 했다는데
나는 한 달에 세 번만 안 우는 듯

툭하면 눈물 흘린다고 가볍다 말하지 마라
마음에서 올리지 않으면
눈까지 올라오지 못하니

오늘 나는
거친 시멘트 바닥에서 피어난
민들레 홀씨가 기특하여
눈물 흘렸지

아빠 보고 싶어

소파에 앉아 계셔야지
화장실에 계시나?
아! 막걸리 사러 가셨나 보네
왜 이리 안 오셔
쓰레기 분리수거하시나?
혹시 엄마 준다고 줄장미 꺾고 계시나?

엄마가 싸준 반찬 가져가려면 무거운데
내 차까지 들어다 주셔야지
딸 차 나간다고
아파트 입구 교통정리도 하셔야지
우리 아빠 어디 가신 거야
왜 안 오시는 거야

아빠 어디야?

친구가 그리울 땐 평택으로 오렴

성당 앞 카페에서 커피를 마셨지
걸어서 간 평택대에서 꽃 사진을 찍으며
우리만의 시간을 사기도 했고
아플 땐 서로가 보호자가 되어
마음속 약이 되기도 했지
감사하게 아이들은 서로 잘 놀아 주었고
우린 친척보다 가까운 이웃이었지

서운한 마음 뒤로하고 다른 지역으로 이사를 가고
떠나는 사람보다 떠나보내는 이가 힘든 건가 울컥했지만
눈으로 마주 하지 못해도 전해지는 안부로
늘 함께였던 우리

추억이 그리운 어느 날이라면
마음의 위로가 필요한 어느 날이라면
오롯이 나를 위한 나만의 친구를
만나고 싶은 그런 날이라면
평택으로 놀러 오렴
나는 이곳에서 언제나
추억을 공유하는 너의 친구란다

아무것도 아니라면
아무것도 아닌 것을

슬픔 가득한 마음은
구겨서 버릴 거야

어리석었다는 깨달음
하나만 가지고 가는 거야

아무것도 아니라면
아무것도 아닌 거야

홍찬선,

충남 아산군 음봉면 산동리 뫼골 출생
'시세계' 시 등단(2016)
'한국시조문학' 시조 등단(2016)
계간 '연인' 소설 등단(2019)
계간 '연인' 희곡 등단(2020).
시집 『틈』『길』『삶』『얼』『품』『꿈-남한산성 100처100시』
『가는 곳마다 예술이요 보는 것마다 역사이다』
『아름다운 이 나라 역사를 만든 여성들』등 출간
제1회 '자유민주시인상' 최우수상 수상(2020)

〈시작메모〉
엄마와 아부지, 고향은 눈물입니다. 보릿고개를 목숨
걸고 넘어야 했던 어린 시절의 먹먹함이 그대로 녹아 있어
그럴까요. 해와 달의 수레바퀴를 차마 어쩔 수 없어 엄마
아부지가 일찍 하늘 소풍을 떠났고, 고향은 공업화의 물결에
휩쓸려 떠내려갔기 때문일까요. 오직 흐릿한 추억과 가슴
눈물로만 남아서 그렇겠지요. 잃은 고향과 잊을 수 없는 엄마
아부지를 다시 불러냈네요. 코로나19에 지치고 불공정과
파렴치가 판치는 현실에 멍든 삶을 조금이나마 보듬어보기
위해섭니다. 아슴아슴한 엄마와 아부지, 고향에서 살아갈
힘을 얻습니다. 어두운 현실을 밝힐 미래의 등불을
기원해 봅니다.

엄마

엄마는 울타리입니다
당신은 가짐 없이 모든 것 버리고
자식들에게 아낌없이 죄다 줍니다
눈보라 속에서 옷 모두 벗어 아들 싸매
자기는 죽어도 목숨으로 지켜 줍니다*

엄마는 스승입니다
저금하라고 준 600원에서 10원을 빼
눈깔사탕 열 개를 사 먹은
여덟 살 국민학교 1학년 막내
장딴지를 시퍼렇게 만들었습니다

엄마는 희생입니다
파란 병에 하얀 위장약 마다하고*
밀두리 해안에서 주운 굴 껍데기*
이고 지고 큰 사위가 만들어 준
쇠절구에 빻아 달게 먹었습니다

엄마는 눈물입니다
수저 두벌 논 두마지기 살림밑천 받아
하루하루 힘겨운 보릿고개 넘었습니다
농사지으며 육남매 키운 고생 끈 놓자마자
서울대 앞 건영아파트에서 하늘소풍 떠났습니다

*6.25전쟁 1.4후퇴 때 한 미국 병사가 강원도 산골짜기 눈구덩이 속에서 옷을 모두 벗어 어린 아이를 감싼 엄마를 묻어 주고 아이를 살렸다는 SNS 글에서.
*일동제약에서 1970~80년대에 개발한 위장약 '암포젤M'의 홍보 문구.
*밀두리 : 엄마친정인 충남 아산군 인주면 도흥리에서 가까운 아산만 해안 동네.

소갈미고개*

네 살 꼬맹이가 보였다
넓적하게 자동차 오가는 포도鋪道 속에서
아부지가 힘껏 페달 밟는 자전거 뒤에 앉아
내리막을 내달리자 엉덩이 꼬옥 잡는 모습이
흑백영화 한 토막처럼 기억의 망막을 뚫었다

엄마 뒷모습도 나타났다
대나무 광주리에 열무 단 수북이 이고
빗물처럼 쏟아지는 땀을 연신 닦으며
천안 장 이십 리 길, 보릿고개를 넘던
가팔랐던 삶이 이슬에 아슴아슴 걸렸다

뫼골에서 방개울을 거쳐 한들을 지나
천안역에 가려면 칭얼거림으로 넘어야 했던
목마르고 배고프기만 했던 소갈미고개는
소아마비 바이러스를 운 좋게 이겨낸
꼬맹이의 어린 시절과 함께 사라졌을까

방개울은 차암車巖동으로
넓은 벌, 한들은 백석白石동으로
소도 침 먹으며 쉬어갔다는 소갈미고개는
이름조차 잃고, 3만 달러 조국을 일구는
공단으로 바쁜 수레바퀴를 돌리고 있었다

*소갈미고개 ; 충남 아산시 음봉면 산동리 3구, 뫼골에서 천안역에 가려면 반드시 넘어야 했던 큰 고개. 지금은 천안 제3공단이 들어와 있어 고개다운 느낌도 없이 아스라한 흔적만 남기고 있다. 네 살 때 소아마비 바이러스에 걸려 천안 명제약국에 가서 침 맞고 한약 먹고 나았다는 얘기를 듣고 자랐지만, 오로지 아부지 자전거 뒤에 타고 소갈미고개 넘어 비탈길을 내려가던 기억 한 토막만 남아 있다.

막내누나

*고향인 뫼골에서
성환장을 가려면
지나는 천안시 직산읍
마정리를 어렸을 때
'미럭산'이라고 불렀다.
현 미륵산彌勒山마을의
사투리였던 것 같다.

빨갛게 익어가는 고추를 볼 때마다
스물세 살 때 막내누나가 생각납니다

시퍼렇게 독이 올라 맵고 맵다가
팔월 불볕 햇살을 달콤한 향기로 바꾸는
마술을 부리는 빨간 고추를 볼 때마다

엄마의 잔소리를 들으면서도
부처님처럼 웃음을 잃지 않았던
막내누나가 홀로그램처럼 말을 겁니다

아부지가 용와골에서 미럭산 가는*
산길 옆 숲을 따비 떠 만든 비탈 밭에
엄마는 고추를 눈물로 심었고

대학 다니는 큰 아들과
고등학교 학생인 둘째 아들의
등록금을 마련하려고 땀범벅으로 땄습니다

막내누나는 무거운 고추자루를
지게로 져 날랐습니다
일찍 귀천한 아부지를 원망하지도 않고
동생사랑으로 불끈 힘, 주었습니다

사십오 년이 흐른 지금도 빨간 고추를 보면
무릎 관절을 갈아 끼운 막내누나가 이슬로 맺힙니다

나이 드니 알겠더라

나이 들어 보니 알겠더라
엄마가 왜 가끔 회초리를 들었고
아부지는 왜 그리 자주 막걸리에 휘청거렸는지를

지천명知天命 되니 알겠더라
종아리와 허벅지에 난 회초리 선명한 피멍에
엄마는 피눈물 삼키고
어쩌할 수 없는 벽에
아부지가 흔들거릴 수밖에 없었음을

나이 드니 슬프더라
나날이 늘어가는 흰 머리카락과
하루하루 침침해지는 눈과
잘 외어지지 않는 머리와
사람 이름 뱅뱅 도는 입과
때 없이 쑤시는 팔과 허리가

나이 드니 웃기더라
화딱지 나는 일,
허허하며 거짓 웃음 터뜨리고
반드시 해야 할 일,
슬그머니 뒤꽁무니 빼며
애가 넷이라는 현실에 숨는 것이

나이 들어 지천명 되고
슬프고 웃겨보니 알겠더라
엄마의 회초리와 아부지의 막걸리가
헛헛함을 숨기려는 몸부림이었다는 것을

그땐 몰랐었다고
털어놓을 기회 영영 없어도
나이 들어 보니 겨우 알겠더라

아구배*

용와산 자락
월랑국민학교 가는 산 길 가에
선선한 바람 불기 시작하면
노르스름하게 익어
동심을 자극했다, 거부할 수 없도록

조금은 시큼하고
조금은 땡감처럼 떫기도 해
입에 넣으면 자지러지듯 찡그리지만
그 순간만 넘기면
주린 배 얼만큼은 달랠 수 있기에

처음엔 의심 많은 생쥐처럼
쬐끔 베어 먹어 눈 찡긋하곤
두 손으로 마구마구 따 넣었던
추억 사린 아구배가 다닥다닥
기다리고 있었다, 태조산 좌불상 앞에서*

엄마처럼 반가워 성큼 다가가 한 움큼
따려고 보니 설익어 주춤거리는데
대한민국에서 제일 맛있다고 주장하는
아이스크림 장사가 구박 넣는다
그거 따믄 손가락에 꼬무락지 나는디…

*아구배: 산에서 자생하는 구슬 크기의 작은 배인 아그배.
*태조산太祖山 : 충남 천안시 동남구 유량동과 목천읍 경계에 있는 산. 해발 421m. 천안의 진산으로 고려 태조 왕건이 이곳에서 군사를 양병했다는 설에서 유래했다. 서북쪽 산중턱에 고려시대 사찰인 성불사와, 동양 최대인 좌불상, 그리고 불국사 이래 대사찰이라는 각원사가 있다.

강아지풀

보지 못했다고
눈에 띄지 않았다고
아예 없어진 건 아니었다

들일에 땀범벅 되어
대청마루에 널브러져 단잠 자는
엄마 목덜미를 살살 두드리고
아부지 콧구멍을 살그머니 건드리면

송충이 기어가는 줄 알고
기겁해서 벌떡 일어나
빨간 눈으로 호통을 치던
강아지 꼬리 털북숭이,

엄마 아부지는 하늘로 소풍가고
나는 고향을 잃고 도시 유민이 되어
까마득히 잊고 있었던 그대를
문득 한강 둑에서 보았더니
그대도 살랑살랑 꼬리를 흔들며
바람에 실어 지난 사연을 들려주었다

꼬무락지*

코 오른쪽과 가슴 왼쪽에
슬그머니 부풀어 오른
꼬무락지를 보니 참 반갑다

네가 겉으로 나오지 않고
네가 안에서 곪았더라면
나는 아픈 줄도 모른 채
내 몸이 축이 났을 터인데

고맙게도 네가 밖으로 드러나
몸조심하라고 빨간불 켜주니
너는 참으로 관세음보살이로구나
너는 참으로 엄마 맘이로구나

*뽀루지의 충남 사투리. 뽀족하게 부어오른 작은 부스럼.
한자로는 종기腫氣.

벌초

엄마와 아부지의 기다림일까
무성해진 잡초의 질긴 저항을
무력화시키며 살뜰하게 지킨 집,

예초기 들이대며
자주 못 온 잘못의 용서를 비는 땀방울 공덕으로
아쉬움 씻고 깔끔하고 산뜻하게 단장한다

황골* 저수지 건너편
삼성전자 탕정공장은 토, 일요일에도 쉬지 않고
더 큰 공장 더 짓느라 늘어난 현장 근로자로
지역경제가 기분 좋게 들썩이는 곳

또 한해 무탈하게 살 수 있게 보살펴 준
엄마 아부지에게 감사드리고
한가위 보름날 뜨면 다시 보자며
새로운 기다림으로 손가락 건다

*선친 산소가 있는 충남 아산시 염치면 대동리.
산소 앞에 저수지가 있고, 그 너머에 삼성전자 탕정공장이
펼쳐져 있다.

〈해설〉

'그리움' 속에 삶의 참된 의미가 있는 '사람' 여행을 떠나다
― 『공감과 치유』 동인지 제4집에 대하여

이충재(시인, 문학평론가)

1. 시인에게 있어서 그리움의 의미

만약 사람에게 그리움이 없다면 사람의 인생은 얼마나 무의미할까? 사람의 삶은 감성의 꽃을 피우지도 못하고 떡잎 사이로 떨어져 시들고 말 불쌍한 꽃이 될 것이다. 어쩌면 잘 정비된 고성능의 로보트에게서나 발견되는 인공지능, 혹은 나사 빠진 기계류의 삐걱거리는 소음에 불과할 것이다. 그만큼 사람에게 있어서 그리움은 영혼을 촉촉하게 매만져 주며 흐르는 생명의 샘과도 유사하다.

그러나 불행하게도 21세기 존재하는 인간유형의 사람들은 점점 더 계산에 능숙한 기계와 잔인한 동물을 닮아가는 듯해서 슬프기만 하다. 이 노릇은 아마도 21세기를 중심으로 1년, 2년, 3년… 세월이 더하면 더할수록 인간성은 늙은 수목처럼 메말라 쩍쩍 갈라지고 그 모습이 빚어내는 것은 증오와 분노와 씻지 못할 상처와 법으로도 어찌할 줄 모르는 죄책과 인간 세상의 질서를 파괴하고, 자연환경을 파괴하는 부정적 측면의 주인공이자 가해자가 되어 갈 수밖에 없다는 사실이다.

그렇다면 시인에게 있어서 그리움은 어떤 의미로 읽혀질 수 있을까? 일반 독자들과는 달리 독자들의 감성에 짙은 공감을 불러일으켜야 하는 지적 노동의 일환으로서 시詩를 작업하는 시인들에게는 독특하면서도 특별한 특징으로 자리매김을 하는 보회寶貨인 셈이다.

여기 이 귀한 시집에는 열네 명의 동인들이 '고향' '가족' '이웃'을 소재와 주제로 각각 약속된 편수의 작품들을 수록하고 있다.

시인들이 약속하고 소재와 주제로 삼은 시들은, 이 세대가 모두 놓치고 스스로 우울감과 상대적 비교로부터 오는 박탈감과 증오에 젖어 살아가는 문제들을 깔끔하게 치유해야 하는 명제들을 내포하고 있는 아주 중요한 시제임에는 틀림없다.

헤르만 헤세는 '고향'을 자신 속에 간직하면서 다음과 같이 그려내고 있다. "자기 안에 고향을 갖는다는 것! 그럴 때 삶은 얼마나 달라질 것인가! 그러면 중심이 설 것이고, 그 중심으로부터 모든 힘이 솟구쳐 나올 것이다. 그러나 나의 삶에는 그러한 중심이 없다. 오리려 나는 수많은 열정들의 양극 사이를 주저하며 지나쳐 가고 있다. 그저 고향에 남아 있고 싶은 동경이 이는가 하면, 저 먼 여행길을 떠나고 싶은 욕망이 일기도 한다."

시모주 아키코는 '가족이라는 병'을 이야기하면서 "가족이란 무엇인가? 나는 요즘 들어 내 가족에 대해 아무것도 몰랐다는 사실에 아연해하고 있다. 한 사람, 두 사람, 세상을 떠나가고 있는데 중요한 것을 묻지 않았다고 이제야 깨닫는다. 아버지는 과연 무엇에 의지해서 살았을까? 어머니는 내게 거의 비정상이다 싶을 정도로 애정을 퍼부었는데, 왜 그랬을까? 오빠는 동생인 내게 어떤 감정을 품고 있었을까? 그런 의문인들 어느 하나도 답이 없다." "우리는 '가족'이라는 말 앞에서 맹목적이 된다. '가족'이란 신성불가침의 대상인 것 같다."

이 두 가지 '고향'과 '가족'을 합집합 공간에 넣어 두고 호명하면 그것이 바로 '이웃'인 셈이다. 앞의 두 가지가 어떻게 디자인되느냐에 따라서 이웃은 더할 나위 없이 아름다워지고 돈독해지는 관계로의 변화를 가져오게 되는 것이다.

그렇다면 이 시집에서 발견되는 각각의 시인들이 목적을 가지고 수록한 시의 특징들을 분석해 볼 필요가 있는 것이다.

폴 에얼릭·로버트 온스타인은 공감의 진화를 이야기하면서 "우리 사회의 핵심 문제 중 하나는 바로 '공감의 부재'이다. 대부분의 사람들은 다른 사람들과 충분히 폭넓게 공감하지 못하고 있다. 우리는 종종 다른 사람들이 느끼는 것을 공유하고, 그들의 감정을 이해하지만, '그 사람의 신발까지 신어볼' 수는 없다. 그런 점에서 공감은 동정과 서로 관련이 있지만, 차이가 있다. 공감은 다른 사람의 기분과 경험을 감정적으로 이해하는 능력이다. 반면 동정은 다른 사람의 상황에 동의하거나 똑같이 느끼는 것을, 다시 말해 그들과 같아지는 것을 의미한다. 일반적으로 다른 사람에게 동정한다. 하지만 공감이 없는 상태에서 동정하기는 힘들다. 어떤 사람이 지극히 폭력적인 도발에 발끈해서 특정한 행동을 취하는 경우 우리는 비록 그 사람과 똑같이 행동하지 않아도 그 사람에게 공감할 수 있다." 문제는 현대가 잃고 살아가는 마치 공감의 부재가 도를 넘어선 이 시대의 현상들을 어떻게 진단하고 치유할 것인가에 주목해야 하는 이유와 그 사명이 시대에 공존하는 순수한 시인들에게 있는 것이다. 그런 목표를 가지고 동인지 형태의 이 시집은 출간되는 것이리라 믿기에 기대가 크다.

이 사명을 짊어진 시인들에게 있어서 시 치료(유)의 중요성을 아무리 강조해도 지나침이 없다. 존 폭스는 그의 『시 치료』에서 설명하기를 "시는 자연 치료제다. 이것은 삶 자체나 경험에서 얻은 동종요법과 같다. 시는 경험을 증류해서 순수 결정체를 만들어 낸다. 우리 각자의 경험은 타인의 것과 공통점이 있다. 한 가지 흥미로운 사실은 시를 치료(유)법으로 사용하면 사람들의 다양한 삶의 일면을 통합할 수 있다는 점이다. 시의 본질인 소리, 은유, 이미지, 감정, 리듬 등이 치료제로 작용해 신체적, 정신적, 영적 시스템을 강하게 만든다. 아무도 우리에게 말을 걸지 않을 때, 시는 말을 건넨다. 시는 무기력한 삶에 생기를 불어넣는다. 시가 주는 감동은 고통스러운 감정을 붙들어 이를 탐색하고 변화시킨다. 과거와 현재, 미래의 삶을 짚어 보고 이름을 붙이는 방법이 시를 읽고 쓰는 것이다."

그 각오를 가지고 자신의 정체성과 함께 긍정적 삶의 의식에 불을 지피면서 살아가는 시인들의 작품을 통해서 공감과 치유는 어떻게 이루어지는지 진단하고 그 현장 깊은 곳까지 밝은 빛과 신선하고도 생명력이 넘치는 공기가 유입되는 창을 비추어 줄 수 능력을 지녀야만 한다. 그 현장을 따라가 보기로 한다.

시인에게 있어서의 그리움은 사람의 영혼 속 아름답고 동시에 향기 가득한 꽃으로 만개하게 하는 단비이며 동시에 꿀을 머금고 날아드는 벌과 나비들이 어울려 살아가는 공동체에 비유할 수 있다. 그만큼 우리네 곁을 떠났던 사람들, 토라짐과 상처와 분노와 시기와 질투와 온갖 콤플렉스로 얼룩진 이웃들이 돌아와 깊은 치유를 경험하는 그 옛날 그 어느 날의 파라다이스를 재건설하는 대지요 도구요 재료가 되는 것이며 그를 웅장하게 세워가는 힘인 것이다.

매말랐던 그리움을 꿈틀거리게 하여 담장과 거목을 치고 올라가는 능소화 꽃 만발한 경이로운 모습으로 자아내는 아름다운 환경이 세상 곳곳에 펼쳐지기를 바라면서 작품을 감상해 보기로 한다.

2. 시인들이 들려주는 시의 노래에서 '사랑'과 '그리움' 의 관계성을 본다.

나름 열네 명의 시인들의 작품을 풀어놓고 감상을 해 보았다. 시인들의 작품 중 대부분이 '고향'을 주제로 다루었다는 점이고, 그중 간헐적으로 '가족'을 노래하고 있다. 그리고 보기 드물게 '이웃'을 주제로 쓴 작품들도 발견되었다. 그만큼 고향에 대한 그리움은 우리 곁을 떠나지 않고 단단히 붙들어 주는 등 긴밀한 공동체적 관계선상에 놓여 있다고 할 수 있다. 문제는 이 시대를 살아가는 사람들은 저마다 디아스포라 인생인 셈이다. 더러는 아직 고향에 부모형제들이 살고 있어 고향이라면서 명절 때가 되거나 애경사가 일면 찾아가 서너 날을 묶고 돌아오기 마련이지만, 이미 어릴 적 나고 자라던 고향은 아니다. 천민자본의 유입으로 어릴 때 추억의 터전은 문명의 소산으로 대변혁을 꾀하여 안식을 주기에는 텅 비고도 먼 타향인 셈이다. 나이가 들면 들수록 고향의 순수성은 자기 영혼 안에서 뚜렷하게 재생되기 마련이다. 그러니까 고향을 향한 그리움과 그 그리움이 자아내는 정서적 공감은 다를 수밖에 없다. 그럼에도 불구하고 사람들은 고향을 빙자하여 현실을 이탈하고 싶어 하는 또 다른 깊은 욕망에 젖어 살기 마련이다.

이 시집에서도 열 네 명의 시인들이 각각의 작품에서 대부분 고향을 노래하고 있음인데, 사실 고향이 아닌 고향 언저리의 익숙한 공간을 그리워하거나 부러워하고 있다는 컬러가 눈을 번뜩인다.

알랭 핀킬크라우트가 『잃어버린 인간성』에서 지적하고 있듯 저물어가는 "20세기 말 어렵사리 쟁취한 '인간성'이라는 개념이 어떤 변화를 겪어왔는지 새롭게 그리고 집요하게 성찰한 뛰어난 논리를 우리는 기억해야만 한다는 것이다." 이미 20세기 어렵사리 쟁취했던 그 인간성을 21세기는 형편없이 잃어버리고, 말살시켜 단독자로서 혹은 무리를 지어 방황하고 있음이다. 이러한 인간성 소외의 간절함으로 고향이란 이미지를 그려 놓고 그 그림이 생산해 낸 숲으로 난 길을 찾아 떠나는 모습들이 역력하다.

고용석 시인의 〈강릉 바닷가에서〉외 시들이 고향을 향한 애틋한 그리움의 포문을 열어 주고 애잔한 정서에 담아 들려주는 함축적인 대표시라고 할 수 있겠다. 김기준 시인의 〈갯 강구〉외 1편의 시, 김애란 시인의 〈홍성〉외 대부분의 시, 김정필 시인의 〈낡은 집〉 등 많은 분량의 시가, 명재신 시인의 〈막내 누님〉외 시들이 그렇고, 신남춘 시인의 〈내 고향 부안〉를 중심으로 한 작품들과 임하초 시인의 〈충신 임난수의 상려암〉과 홍찬선 시인의 〈벌초〉 등이 고향이란 맥락에서 정서와 사랑과 내적 치유의 감성을 담아낸 추억 속 애증의 덩어리들을 그리움의 정으로 쪼아 독자들과 함께 나누어 인문학의 식탁을 꾸리고 있음은 큰 의미가 있다.

우리 안에 고향을 향한 추억이 있기에 위로와 힘과 엔진 가동을 위한 재충전의 기회를 찾을 수 있는지도 모른다. 그것이 각자 시인들의 작품에서 빛을 발하기에 이 시들을 읽는 독자들에게는 동지를 얻은 듯, 혹은 쉼의 둥지를 찾은 듯 그리고 참된 이웃을 만난 듯 즐거워하며 행복해하는 것이다.

헤르만 헤세가 잊지 않고 그의 유산을 작품으로 승화 시킨

〈유년 시절의 마법사〉〈고향의 다리〉〈소박한 욕구〉〈고향의 낯선 풍경〉〈자신 속에 간직하는 고향〉 등 감성이 이들 시인들의 고향에 고스란히 드러나 있어서 좋다.

이 시집에는 간혹 '가족'으로서 어머니를 노래한 시들이 서너 편, 그리고 아버지를 그리워하는 시들이 몇 편 보인다. 그렇다면 어머니는 우리에게 어떤 의미인가? 일본에서 나고 자란 강상중에게도 잊을 수 없는 자신의 삶의 애증의 증표로 남아 있는 '어머니'가 있었다. "어머니의 기억을 더듬는 것이 글을 아는 내게 글을 모르는 어머니가 위탁하신 유언이라는 생각이 드는 걸 막을 수가 없다. 물에 녹아 사라질 것 같은 글자들을 간신이 원래 모습으로 되살려 놓듯이 아련한 기억의 단편들을 끌어 모아 어머니의 모습을 그려낼 수 있다면… 그러다 보면 거기서 나의 반생 역시 투영되어 보일 것이다. 어머니를 통해 나 역시 내 자신을 다시 만나게 되는 것이기도 하다.

이 모든 현상을 통합적으로 설명하는 '어머니는 누구인가'에서 스태판 B.폴터는 당신의 어머니가 당신의 삶에 미치는 영향력과 당신의 인생에 살아 움직이는 어머니 요인, 당신의 인생에서 어머니란 어떤 존재인가?에 대한 끊임없는 질문과 함께 답을 찾아가기를 원한다. 그러나 답은 없다. 이렇다 할 충분한 이해를 구하는 개념도 발견할 수 없다. 그것이 어머니인 것이다. 그 어떤 대명사로도 설명이 부족하거나 전혀 불가능한 것이 바로 나를 낳고 길러 성장 시켜 주신 어머니의 사랑인 것이다.

이를 그리움의 그릇에 담아 노래한 시들을 보면 고용석 시인의 〈엄마의 봄날〉, 김용아 시인의 〈엄마가 다녀갔다〉, 김정필 시인의 〈바람과 어머니〉, 염정금 시인의 〈할머니의 막걸리 집〉〈부부〉가 그 예다. 옛 사모곡에 보면 어머니의 사랑을 '낫의 날'에 아버지의 사랑을 '호미의 날'에 비유하여 불러 내려오던 노래가 있다. 그러나 이는 달리 해석하면 역할 분담으로부터 오는 의미의 축소, 확대일 뿐이지 그 사랑의 절대적인 가치를 평하는 것은 아니다. 그렇기에 간헐적으로 보이는 아버지를 향한 그리움의 시로써 김애란 시인의 〈아빠 모자〉와 최유미 시인의 〈아빠 보고 싶어〉, 정인경 시인의 〈아빠의 수염〉, 〈아버지〉 그리고 이종범 시인의 〈아버지의 사랑〉이 눈에 띈다.

3. 문학의 공간에서 우리가 할 수 있는 것은 무엇인가?

열 네 명의 시인들의 작품들이 빚어낸 문학의 숲을 거닐면서 그 시가 들려주고 싶어하는 의미와 그 시들을 창작해 낸 시인의 현세적 삶과 경험들에 대해서 잠시 생각해 보았다. 분명한 것은 21세기 이 시대 문명의 산물들은 우리로 하여금 소중한 많은 것들을 빼앗아 버렸다. 그리고 우리 모두는 고향과 가족과 이웃 그리고 그리움을 도적질을 당한 꼴이 되었다.

서구 유럽의 문명과 문화가 한반도에 유입되어 정신마저 이

식시켜 우리 고유의 가치가 폄하되거나 형편없는 형이하학적 가치로 평가받고 있는 슬픈 시대에 우리는 외로이 존재하는 피조물이 된 것이다. 그리고 그 판국에서 문학이라는 공간을 만들어 놓고, 저마다 몸부림하면서 살아가고 있다. 그것도 모자라서 서로 라이벌 의식을 만들어 세워 놓고, 대책 없는 무기로 난도질 내지 모욕을 일삼고 있는 정치적 폭력을 멈추지 않고 있는 것이 현실이다. 시인들의 순수성은 어디로 갔으며, 지성인들의 양심적 저항의식이 불어온 그 많은 외침은 어디로 사라지고 없는가? 스스로가 무기가 되어 영혼에 상처를 주고 도덕적 질서를 깨부수려고 혈안이 되어 있는가 묻지 않을 수 없다.

에리히 프롬은 『인간 소외』에서 다음과 같이 들려주고 있다. "나는 인간의 기본적인 양자택일兩者擇一은 삶과 죽음을 택하는 일이라고 믿는다. 모든 행위는 이 선택을 의미하고 있다. 사람이 다른 사람을 위해 할 수 있는 일은 진실과 애정으로써 감상이나 환상에 빠지는 일 없이 양자택일을 그의 앞에 보여주는 일뿐이다. 진정한 양자택일에 직면하면 그 사람의 모든 숨은 에너지가 깨어나며 그 사람은 죽음에 반항하여 삶을 선택할 수 있게 된다."(나의 신조)

모리스 블랑쇼는 '문학의 공간'에 교탁을 마련해 두고 우리 모두를 초대해 놓고 발설의 수위를 조절하고 있다. "글을 쓴다는 것이 끝나지 않은 것의 발견이라 할 때, 이 영역에 들어서는 작가는 보편적인 것을 향해 자신을 넘어서지 않는다. 그는 모든 것이 공정한 낮의 명료함을 따라 정돈된다는 보다 확실한, 보다 멋진, 더욱 정당화된 세계로 나아가지 않는다. 그는 모두를 위해 훌륭하게 말하는 멋진 언어를 찾지 않는다. 그에게 있어 말한다는 것은 이러저러한 의미에서, 그가 더 이상 그 자신이 아니라는, 그는 이미 더 이상 어느 누구가 아니라는 그 사실이다. '나'를 대체 하는 '그' 그것은 작품으로부터 작품을 통해 작가에게 일어나는 고독이다. '그'는 객관적 무관심을, 창조적 초연함을 지칭하지 않는다. '그'는 나와 다른 누구에 대한 의식을, 예술작품이라는 상상 공간에서 '나'를 말하는 자유를 간직하게 될 인간 삶의 발휘를 예찬하지 않는다. '그', 그것은 어느 누구도 아닌 자가 된 나, 타자가 된 타인이다. 그리하여 내가 존재하는 곳에서 나는 더 이상 나에게 말을 건넬 수 없고, 나에게 말을 건네는 자는 '나'를 말하지 않고, 그리고 그는 그 자신이 아니다."

'공감과 치유'라는 이름의 동인으로 모여 같은 목적의식 아래 치열하게 창작해낸 작품들 감상하기를 마쳤다.

부지 모리스 블랑쇼의 문학공간에서의 절대적 고독이 아닐지라도 이 시대의 여러 가지 중요 부재 현상을 주도면밀하게 분석하고, 그 간접적인 관계성에서 얻은 결과물을 자기 경험화 시키는 치열성과 동시에 자신의 마음과 타인의 마음을 혁신하고 바로 세워가는 달라스 윌라드의 고백 『마음의 혁신』과 레

지맥닐의 삶의 노력의 산물인 『마음의 빗기』에 게을리하지 않음으로써 시의 등불을 밝히 비추어 어둡고 암울한 시대로서의 『밤과 안개』(빅터 프랑클)를 밝히 밝혀 나가는 정성과 끊임없는 학습과 창작의 지적 노동 앞에서 치열성을 겸비해 주기를 부탁드린다.

이미 이 시집을 출간하기 위해 모인 열 네 명의 동인들은 나름 치열한 자기 시 세계를 구축하고 있으며, 그 역할론에 최선의 삶을 경주하고 있는 시인들이다. 그럼에도 불구하고 시대가 병들어 있고, 시인 동지들의 의지가 박약하고 불명예스러운 노선을 기웃거리는 이들의 수효가 늘어나는 시대에 이 열 네 명의 시인들의 새로운 작품 창작 행위에 거는 기대가 남다르다는 의미이다. 이를 위해서는 자신의 양심과 마음의 근육을 찢는 피나는 노력과 함께 자꾸만 어두워져가는 영혼의 순수성이 밝혀낸 그 밝은 빛을 투영시키는 창을 만들어가는 데 게을리하지 않으시기를 부탁드린다.

함께 이 시대에 시인공동체를 이루어가게 되어 행복하다. 많은 독자들이 이 『공감과 치유』 동인지 4집을 통해 깊고 참된 위로의 힘을 얻을 수 있었으면 하고 기도드린다.*

시와함께 | 08 | 공감과 치유 4집

사람은, 모두 그립거나 슬픈 꽃

제1쇄 인쇄 2021. 9. 25
제1쇄 발행 2021. 9. 30

지은이 고용석, 김기준, 김애란, 김용아, 김윤태, 김정필, 명재신, 신남춘,
염정금, 이종범, 임하초, 정인경, 최유미, 홍찬선
펴낸이 서정환
엮은이 민윤기
펴낸곳 문화발전소
서울시 종로구 삼일대로 32길 36 운현신화타워 305호
'월간시' 편집국 : 서울시 종로구 종로 1가 르메이에르 종로타운 1031호
Tel 02-742-5217 Fax 02-742-5218

ISBN 979-11-87324-83-6 04810
ISBN 979-11-87324-35-5 (세트)

정가 10,000원

ⓒ 2021 문화발전소
PRINTED IN KOREA

*저자와의 협약에 따라 인지는 생략합니다.
*파본 및 제본이 잘못된 책은 구입서점에서 교환하여 드립니다.
*이 책은 저작권법에 의하여 보호받는 저작물이므로
 이 책의 전부 또는 일부를 재사용하려면
 반드시 문화발전소와 저자의 허락을 받아야 합니다.